KINZAI バリュー叢書

ゼロからわかる
コンサルティング営業のアプローチ

株式会社アットストリーム
大工舎　宏 [監修]
佐藤　史子 [著]

一般社団法人 金融財政事情研究会

監修のことば

　本書は、金融機関において、主に法人営業を担当している営業担当の方を対象に、コンサルティング営業への取組みの第一歩を踏み出していただくことをテーマとしています。

　コンサルティングないしはコンサルティング営業には様々な定義があると思いますが、ここでは、「お客さまである顧客企業の経営課題やお困りごとを認識し、経営課題やお困りごとの解決を支援すること、ないしはそのための営業アプローチ」ととらえてください。

コンサルティング営業を行ううえで大切なこと

　皆さんはコンサルティング営業を行ううえで最も大切なことは何であると考えますか？　企業や業界を分析するスキル、提案を検討・作成する力、経営者や経営幹部とのコミュニケーション力など、いくつか大切な要素がありますが、それらのなかで著者が最も大切であると考えるのは、「顧客のことをよく知る」という点です。

　コンサルティング営業を進めるためには、最初に「経営課題やお困りごとを認識する」ことが必要になります。そのためには、顧客企業がどのような事業を行っているか、そこにはどのようなチャンスやリスクがあるか、事業を進めるうえでネックとなっていることは何か、経営者・経営幹部はどのようなこと

を考えているか、というようなことをできる限り情報収集する、すなわち、「よく知る」ということが必要です。顧客企業のことを知らずに、よい提案や支援を行うことはできませんから、「顧客のことをよく知る」というのは、本来は当たり前のことでありますが、実際にはなかなか行うことができていないというのが実情ではないでしょうか？

　弊社では金融機関の法人営業の方々を対象に、企業実態把握やコンサルティング営業のための教育研修を数多く行っていますが、研修を通じて、特に若手の法人営業の方々の課題として強く感じるのが、この「顧客のことをよく知る」という点です。顧客企業の事業内容や事業の状況について、興味すらもっていないのではないかと感じることがよくあります。これでは、顧客企業とよい関係は築けません。

　また、営業担当の方々が顧客企業の将来の目標や計画について、情報を収集していない・関心をもっていない、という点も大きな課題として感じています。当然過去の経営成績や現在の財政状態なども顧客企業を支援していくうえで重要なことですが、コンサルティング、すなわち、課題やお困りごとの解決を支援するためには、顧客企業が将来どこに向かおうとしているのか、何を目標としているのかを把握せずに、課題やお困りごとを正しく認識することはできません。

　たとえば単純な例として、仮に売上高が100の会社があるとします。この会社が3年後に売上高を150くらいにしたいと考えている場合と、現状維持程度でよいと考えている場合をイ

メージしてみてください。それぞれの場合における、経営課題や経営上のリスクは異なるものであるという点はご理解いただけるかと思います。そして当然ながら、それぞれの場合において、金融機関としてご支援できること・すべきこと、ならびにその際に留意すべき点も異なってきます。したがって、将来の目標や計画を把握せずに、よいコンサルティング営業を進めることはできません。

顧客企業の経営実態把握　3つのポイント

拙著『金融機関のための取引先企業の実態把握強化法』（金融財政事情研究会 刊）において、顧客企業の経営実態把握における主要ポイントとして下記の3点をあげています。

① 常日頃から実態把握の活動を行う
② 決算書だけからはみえないことを把握する
③ 過去・現在のことだけでなく、将来のことも把握する

本書は、上で述べた問題意識と経営実態把握のためのポイントをさらに一歩進め、若手の法人営業担当の方がコンサルティング営業に取り組んでいくための「基本的な考え方」と、明日からすぐに取り組んでいくための「具体的な進め方」を示すとともに、できるだけ平易にやるべきこと・行うべきことを整理しています。

経営実態把握　3つのポイント

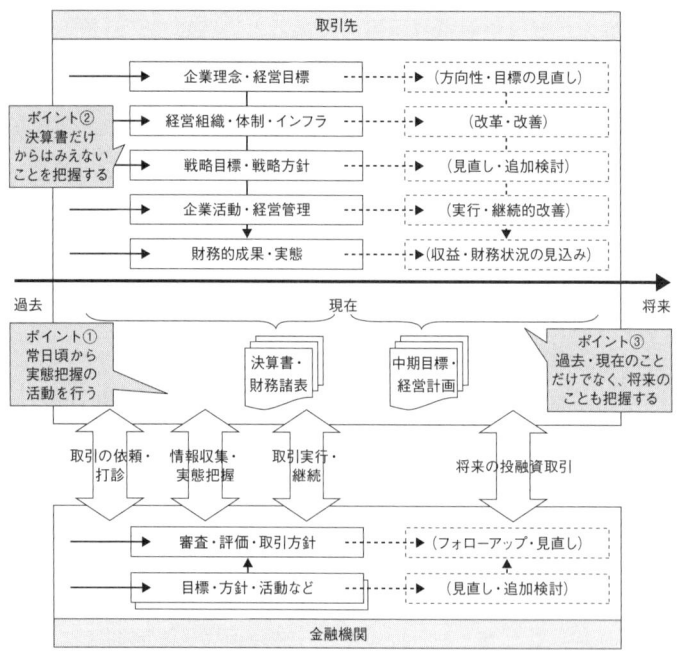

主な構成と活用法

　第1章と第2章では、コンサルティング営業が求められる背景にある、顧客企業からみた「金融機関への期待」と「顧客を知る」ことの大切さと主なポイントについて記述しています。コンサルティング営業に取り組むうえでの基本的な考え方に相当します。

　第3章から第5章では、コンサルティング営業を実践するうえでの具体的な進め方を整理しています。第3章では、顧客企

業を「経営者の目線でみる」ことについて、第4章では、顧客企業の「経営環境を把握する」ことの重要性と主なポイントについて、第5章では、顧客企業の「経営者とコミュニケーション」を進める際の主なポイントについて、それぞれ整理しています。

　第6章では、第3章から第5章までの取組みで認識・想定できた経営課題の整理と、金融機関としての提供ソリューションの検討について整理しています。

　最後の第7章では、コンサルティング営業を実際の日常業務のなかで実践していくためのポイントについて整理しています。コンサルティング営業の取組みを始める前に、優先順位を明確にするなど、現実的な進め方を検討する際の参考にしてください。

　また、巻末付録として、「中期経営計画のチェックポイント」と「顧客企業訪問時のヒアリングポイントと質問例集」を添付しています。

　前者は顧客企業より経営計画などを入手できた際の主な検証ポイント（売上計画・費用計画の検証など）として参考にしてください。後者は、顧客企業からの情報収集・ヒアリングを進める際のポイントを場面別（収益構造・店舗・工場など）に整理しています。訪問前の準備作業の参考にしていただければ幸いです。

　本書の執筆を担当しました佐藤史子は、経営コンサルタントとしての豊富なキャリアとともに、金融機関やIT業界などに

おけるBtoBのコンサルティング営業や企業実態把握の研修プログラムの企画・開発・実施に数多く取り組んで参りました。それらの取組みにおける現場での実践経験と課題認識をもとに、本書の内容の整理を進めました。

　本書が読者の皆様の今後のよりよい業務推進、ならびに、金融機関と企業とのよりよい関係づくりの一助になれば幸いです。

　最後に、本書の出版にあたって、一般社団法人金融財政事情研究会の島田裕之様には、企画当初のコンセプト検討から内容の具体化にわたり大変お世話になりました。この場を借りて、あらためて深く感謝いたします。

　平成26年4月
　　　　　　　　　株式会社アットストリーム　大工舎　宏

目　次

第1章　金融機関への期待

1. 顧客企業が地域金融機関に期待すること ……………………… 2
2. 金融機関が本当に話すべき相手 ………………………………… 6
3. 経営者は孤独 …………………………………………………… 10
4. 財務諸表は過去と現在しかわからない ………………………… 13
5. 経営活動はたくさんある ………………………………………… 16

第2章　「顧客を知る」ということ

1. 「顧客を知る」という意識をもつ ……………………………… 20
2. 顧客企業と話すときにまず押さえるべきこと ………………… 23
3. 公開資料で最低限押さえるべき情報 …………………………… 26
4. 経営者と話をするためには ……………………………………… 34

第3章　【Step1】顧客企業を経営者目線で見直す

1. 事業を分解し、時系列で考える ………………………………… 40
2. ビジネスの流れを把握する ……………………………………… 45
3. 財務諸表の見方 …………………………………………………… 49

4 中堅・中小企業にある共通の課題 ………………………………… 53

第4章 【Step2】取引先を取り巻く経営環境について知る

1 取り巻く経営環境について知ることの重要性 ……………… 58
2 将来を議論するための材料を集める―市場― ……………… 64
3 将来を議論するための材料を集める―競合／顧客― ……… 69
4 将来を議論するための手法―SWOT分析― ………………… 77

第5章 【Step3】経営者と話をするためのコツ

1 中期経営計画をベースに考えよう ……………………………… 82
2 経営者とコミュニケーションするためのツール …………… 89
3 Yes／Noではなく、課題を掘り下げる ……………………… 97

第6章 経営課題と提供ソリューション

1 経営課題の全体像 …………………………………………………… 104
2 それぞれの経営課題に対する提供ソリューション ………… 107

第7章 日常業務のなかで実践するためのコツ

1 担当先の優先順位の付け方 ……………………………………… 114

2 日常業務のなかで経営課題仮説を作成するには ………… 119
3 新規取引先への応用 …………………………………… 124

〈巻末付録〉
  1 中期経営計画のチェックポイント ………………………… 130
  2 顧客企業訪問時のヒアリングポイントと質問例集 ……135

第1章

金融機関への期待

1 顧客企業が地域金融機関に期待すること

　金融機関が取引先である企業に期待されていることといえばどのようなことを想像されるだろうか。「必要なときに必要なだけ資金を貸してくれる」という答えを思い浮かべる方が多いかもしれない。もちろんそれが企業の本音であり、願望でもあるだろう。たしかに金融機関の主たる支援は企業にとって「資金繰りの支援」であるということは変わらない。しかし高度経済成長期ならまだしも、金融機関に対する期待は大きく変わってきており、もはや「資金繰りの支援」だけではいられない状況なのである。さらに2009年の中小企業金融円滑化法施行(2013年3月末終了)により、金融機関にとっても取引先である企業に対してよりいっそうコンサルティング機能を発揮することが重要になってきている。では現在、金融機関に対してどのようなことが期待されているのだろうか。

　図表1-1は、金融庁が2004年から毎年実施している「地域金融機関の地域密着型金融の取組み等に対する利用者等の評価に関するアンケート」の抜粋である。このアンケートは「中小・地域金融機関向けの総合的な監督指針」に基づき、地域金融機関における地域密着型金融の取組みに関する利用者等の評価を把握するための調査として年1回実施されているものである。

図表1-1　金融庁アンケート

〈顧客企業に対するコンサルティング機能の発揮〉
(1) 顧客企業との日常的・継続的な接触（顧客企業への訪問等）

積極的	やや積極的	どちらとも言えない	やや消極的	消極的	わからない
18.7%	36.6%	23.5%	10.3%	4.4%	6.6%
55.3%			14.7%		

(2) 顧客企業の事業価値を見極め経営課題を発見・把握する能力
　　（いわゆる目利き能力）

十分	概ね十分	どちらとも言えない	やや不十分	不十分	わからない
3.9%	22.8%	37.0%	16.5%	9.7%	10.1%
26.7%			26.2%		

(3) 顧客企業のライフステージの各類型における地域金融機関の取組み姿勢
　① 創業・新事業開拓支援

積極的	やや積極的	どちらとも言えない	やや消極的	消極的	わからない
8.2%	22.3%	31.0%	14.8%	9.7%	14.0%
30.5%			24.5%		

　② 成長段階にある取引先支援

積極的	やや積極的	どちらとも言えない	やや消極的	消極的	わからない
10.2%	30.6%	29.3%	7.1%	5.2%	17.6%
40.8%			12.3%		

　③ 経営改善支援

積極的	やや積極的	どちらとも言えない	やや消極的	消極的	わからない
10.0%	29.3%	31.4%	11.8%	6.3%	11.2%
39.3%			18.1%		

　④ 事業再生・業種転換支援

積極的	やや積極的	どちらとも言えない	やや消極的	消極的	わからない
5.4%	13.3%	36.2%	13.9%	7.6%	23.5%
18.7%			21.5%		

(4) ソリューションの提案力

十分	概ね十分	どちらとも言えない	やや不十分	不十分	わからない
2.7%	20.8%	35.6%	18.2%	9.3%	13.4%
23.5%			27.5%		

(5) ソリューション実行後のモニタリングの姿勢

積極的	やや積極的	どちらとも言えない	やや消極的	消極的	わからない
5.6%	15.4%	35.9%	13.1%	6.2%	23.7%
21.0%			19.3%		

（出典）　金融庁「地域金融機関の地域密着型金融の取組み等に対する利用者等の評価に関するアンケート」（2013年8月公表）より著者加筆

まず、アンケートの内容をみていただきたい。「顧客企業に対するコンサルティング機能の発揮」が掲げられている。金融機関が顧客企業に対してコンサルティング機能を発揮することがすでに前提となっており、その状況を経年変化でみているのである。そしてアンケート結果をみると、コンサルティング機能の発揮に関する姿勢（日常的・継続的接触）は55.3％と過半数が積極的評価（「やや積極的」も含む。以下同）をしているが、その質となる「顧客企業の事業価値を見極め経営課題を発見・把握する能力（いわゆる目利き能力）」に関して積極的な評価をしているのは26.7％にとどまり、消極的な評価（「やや消極的」も含む。以下同）の26.2％とほとんど変わらない。また、この項目に関する意見（詳細は本書には非掲載の調査結果資料を参照）のなかには「財務書類等の計数のみを評価する傾向があり、計数以外の企業の強みを評価する担当者が少ない」というようなものも存在する。

　次に「顧客企業のライフステージの各類型における地域金融機関の取組み姿勢」をみてみると「経営改善支援」に関してはほかの項目と比べて積極的評価が39.3％と高く、消極的評価の18.1％と大きく差がある。つまり、金融機関が顧客企業に対して積極的に経営改善支援を行ってきていることが評価されているということである。しかしこの項目に関する意見をみてみると経営支援をしようという積極的な姿勢を評価する一方で、「コストカット（人員削減・経費節減）のアドバイスのみで物足りない」「事業者からの要請が無ければ、金融機関は指導や支

援を行わない」というような姿勢や支援内容に関する不満もあるようだ。またライフステージが「事業再生・業種転換支援」になると消極的評価のほうが積極的評価よりも高くなっている。

さらに「ソリューションの提案力」になると「十分」「概ね十分」の23.5%よりも「やや不十分」「不十分」が27.5%と4ポイント高くなっている。「ソリューション実行後のモニタリングの姿勢」に関しても積極的評価が21%、消極的評価が19.3%とほとんど変わらない状況である。コンサルティング機能を発揮しなければならないのは金融機関も十分承知しており、取り組んでもいるが、実態としては創業・新事業開拓支援や成長段階にある取引先支援をすることがメイン（おそらく資金提供）であり、経営改善支援も財務諸表からわかる費用面の削減提案にとどまっているところが多いのであろう。

以上のようなアンケート結果からも、顧客企業は金融機関に対して資金を提供してもらうことだけではなく、実は目利き能力（事業価値を見極め、経営課題を発見・把握する能力）を非常に求めているということがわかる。しかし金融機関、または営業担当者によってその実施状況や遂行能力に差があり、全体としてその姿勢は評価されているが、その内容については、必ずしも満足度が高い状況とはいえず、改善の余地が十分にあるのが現状なのである。

2 金融機関が本当に話すべき相手

　普段、営業担当者として顧客企業を訪問した際、顧客企業のだれと話をしているだろうか。おそらく多くの営業担当者が財務担当、または財務担当の管理職クラスの方々とだけ話をしているのではないだろうか。資金繰りの話だけであればもちろんそれでもかまわないだろうが、先に述べたとおり顧客企業は金融機関にいわゆる「目利き力（事業価値を見極め、経営課題を発見・把握する能力）」を求めている。顧客企業の経営課題を発見・把握し、それに対して支援をするのであれば、財務担当者だけではなく顧客企業の実権者・経営者と話をするべきである（実権者とあえて記載しているのは、企業によっては社長以外の役員等が実権をもっているケースもあるためだが、以下経営者で統一する）。

　企業の経営課題について常日頃考えているのは経営者なのである。財務部門が算出・参照している財務数値は企業活動の結果情報であり、過去・現在の状況を表したものにすぎない。一方、経営課題は必ずしもすべてが財務数値に表れているわけではない。貸借対照表（以下B／S）はある一時点の経営資源のストックの状況（財政状態）を表したものであり、損益計算書（以下P／L）はある一定期間の事業活動の結果（経営成績）を集計して表したものにすぎない。もちろん財務諸表の数値を起

点とし経営課題を推測することはあるが、財務担当者が経営課題をすべて把握しているわけではないだろう。

では経営課題とは何か。将来の目指す姿（経営目標や短期中期の経営計画）と現状との差異（ギャップ）ないしは、その要因となっている事項である。たとえば今年度の業績目標を決めたが、第2四半期を過ぎても目標達成できない可能性があるとする。その原因としては自社のブランド力が弱いこと、また営業活動の成果が思ったように出ていないことであったとしよう。営業の人員はおそらく足りているが、一人ひとりの営業担当者の売上目標の達成状況が思わしくない、といった場合に要因は営業活動にあり、これが経営課題となるのである。そのような経営課題について、その要因や解決策などについて経営者と共有し、必要な対策を検討・具体化していくことを支援することが、いま金融機関に求められていることなのである。そして経営者は常日頃、「経営目標を達成するために何が足りていないか」「次に何を行うべきか」というようなことを考えている。しかも経営課題はひとつではないので、それらをどう優先順位をつけながら解決したらよいのか考えているものなのである。

ただ経営者はすべての経営課題を詳細まで把握しているわけではない。「資金繰りの支援」のみならず「経営課題を発見・把握し、支援する」ことを目的として経営者と話をするならば、顧客企業でのリレーションは経営者だけではなく、さらにタテ・ヨコに広げていく必要がある。なぜなら、経営課題は企業の部門の多岐にわたり、かつ、経営課題の具体的な内容や状

況は担当役員などに聞いたほうがよいケースもあるからである。

　上記の営業の例でいえば経営者は営業に課題があることは把握しているが、その具体的な状況や顧客企業を取り巻く市場がどのような状況なのか、当社の製品はどの程度市場のニーズに適合しているのか、といった具体的な事業活動の状況については経営者よりも事業担当者のほうが知っているケースがある。そうした点からも経営課題の種類によっては経営者だけではなく担当役員やその事業・部門の担当者に直接聞いたほうが有効な場合もあるので、顧客企業のリレーションは財務担当者だけではなく、経営者を中心にタテ・ヨコに広げたほうがよいのである。

　図表1－2に記載しているのは、タテ（役員・部長レベル／担当者レベル）、ヨコ（各部門）で得られる情報を整理したものである。部門は財務部門と営業、生産を例にしている。これをみると財務担当者から得られる情報がいかに限定的であるか、経営課題を把握し、その解決を支援するためには、顧客企業内でいかにリレーションを広げるかが重要であることがわかっていただけるかと思う。

図表1-2　各部門と得られる情報一覧

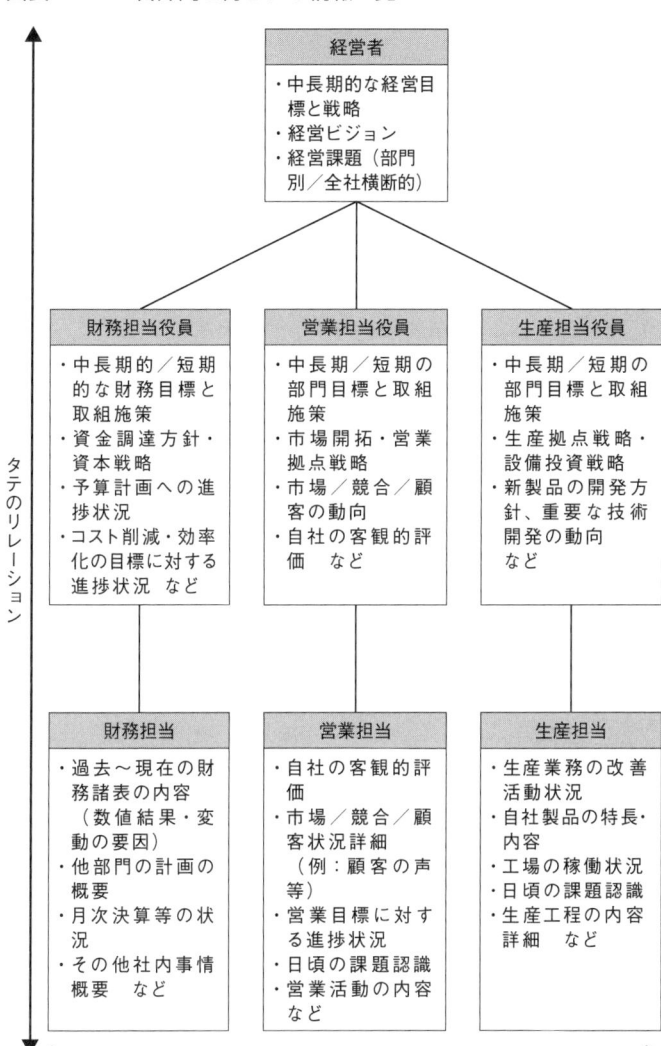

3　経営者は孤独

　経営者と話をすべきだというが、いままで財務担当者としか話をしたことがなく、いったい何をどのように話せばいいのかわからない、もしくは経営者との関係は悪くはなく、日頃から話をしているが、雑談がほとんどで経営者が話したいことを聞いていることが多く、事業の話は上席が同席している決算説明のときだけだ、という若手営業担当者も多いだろう。

　入行して間もないのであればそれも仕方がないかもしれないが、入行2～3年を過ぎているのであれば、いますぐにでもその営業スタイルから脱却しなければならない。営業担当者であれば人柄で好かれることはもちろん重要であるが、その価値だけに甘んじていてはならない。営業担当者としての付加価値を提供できるように努力を重ねなければ、近い将来壁にぶつかることになるであろう。

　世の中には様々なタイプの経営者がいるが、共通しているのは「経営者は孤独である」ということだ。可能であれば社内外いずれかに自分の会社について話ができる人を求めているのであるが、現実的には社内の人間に話せない課題もあり、一方で社外の人間に話すには状況を細かく説明しなければならず、そこまでして相談するということがむずかしい場合もある。普段の業務については社内には相談する役員もいるだろうが、本当

に頼りになる腹心の部下といえる人を抱えている経営者はいったいどのくらいいるだろうか。人材が不足しがちである中堅・中小企業では、そのような部下を抱えている経営者は非常に恵まれているといえる。

また、逆に社員や役員が社内で起こった問題を余すことなく経営者に報告するだろうか。皆さんも何かあった場合に上席や部長にすべてもれなく報告することは少なく、やはり話題は取捨選択しているのではないだろうか。風通しがよい組織というのはなかなか現実的にはむずかしいものだ。

そういった上下のコミュニケーションだけでなく中堅・中小企業となると経営者自身が営業などの実務をこなしながら会社全体をマネジメントしている企業が多く、多忙を極めているのが現実だ。社長は不在なことが多く、なかなかアポイントがとれないという顧客企業もあるのではないだろうか。そうなると経営課題をじっくりと考える時間がないという経営者も多い。

そのような経営者は会社にある課題を一人で考え、一人で決断している。もしくはあまりじっくりと時間をとって考えられていない経営者もいるかもしれない。そのような状況にある経営者にとって、外部の第三者であり、かつ日頃から接点があり、自社のことを一定レベルで理解してくれている可能性のある金融機関の営業担当者は、相談するには適している相手なのである。したがって金融機関の営業担当者が経営課題に関する話題を提供し、議論することは非常に価値があるということを心に留めておいてほしい。顧客企業の経営課題について話をす

るときには経営者の心の叫び、悩みのサインに対してぜひ敏感になってほしい。たとえその内容がよくわからなかったとしても、わからないなりに誠意をもって反応し、対応してほしい。わからないことがあるときには、後で調べてみるなり持ち帰って宿題とするなり方法はあるはずだ。相手も営業担当者がその場ですべてを理解し、対応してくれるとは思っていないはずだ。しかし誠意のある対応をしているかどうか、自分の話を流してしまっていないかはみている。それにきちんと応えよう。経営者のサインに逃げずに食いつき、悩みが共有されたときに信頼関係というのは構築されるのだ。

　著者が行っている金融機関の営業担当者向けの研修プログラムにおいて、ある顧客企業の経営課題仮説を作成し、経営者に提示・説明したところ、「いままでにこのようなことを考えてくれた人は、ほかの金融機関にも社内にもいなかった。ありがとう。この資料を経営会議で使わせてもらうよ」といわれた営業担当者がいた。このようなエピソードからも、経営者がいかに一人で考えなければならない状況にいるかがわかるだろう。まずはこのような経営者の状況を認識することが、経営者と話をする第一歩である。

4 財務諸表は過去と現在しかわからない

　経営者と話をするにあたりどのような話をすればよいのか、そのための顧客企業の情報は何かと考えた場合、まず財務諸表を思い浮かべるだろう。実際、上席からも「財務諸表をよく読み込め」というようなことを日頃からいわれており、多くの営業担当者が財務諸表・決算書をもとに事業内容・事業の特徴・数年の業績推移などを大まかに把握しているのではないだろうか。

　しかし繰り返しになるが、企業が作成している財務諸表、決算書は過去の活動の結果であり、しかもそれらは企業の活動のごく一部なのである。そして財務諸表に表れている数値の背景には様々なものが存在している。その概略を整理したのが図表1－3のチャートである。

　まず顧客企業を取り囲む「経営環境」があり、それをふまえた「経営戦略」があり、それらを実現するための「経営活動（企業活動）」、さらに「日々の活動結果」があり、それらが最終的に財務諸表に表れるのである。数字の裏にはこのようなプロセスが存在することを意識されたことはあるだろうか。

　そして経営者の頭を悩ませている経営課題は、ここにある「経営活動」「日々の活動結果」のなかに存在するのである。経営課題とは将来の目指す姿（経営目標や短期中期の経営計画）と

図表1-3 財務諸表の裏にあるもの

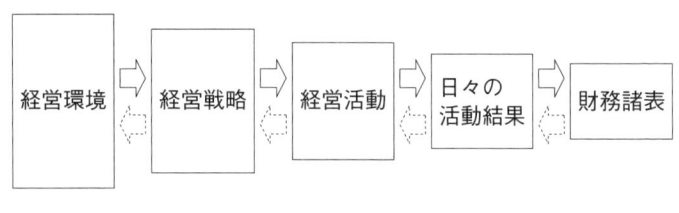

現状との差異（ギャップ）ないしは、その要因となっている事項であることは先に述べたとおりである。

　経営課題の一部は、収益性・財務体力などの課題として、過去の経営活動の結果である財務諸表に表れているものもある。一方で、顧客企業の将来に向けての目標や計画を実現するために取り組まなければならないこと、解決しなければならないことも経営課題であり、それらは財務諸表には表れていない。

　後者を明らかにするためには経営者と将来についての話をしなければならない。さらにいえば経営者の頭のなかでは、過去の課題よりも「今後どうするか」、「そのために解決しなければならない課題は何か」ということのほうが重要なのである。したがって財務諸表をもとに会話しているだけでは、経営課題の一部しか話をしていないことになる。顧客企業を真にサポートしていきたいと考えているのであれば、まずは顧客企業の将来

に目を向け、さらに「経営活動」は何かを意識すること、またその活動はどのような課題を内包しているのかについて様々な情報をもとに仮説を立てることが重要なのである。

5　経営活動はたくさんある

　財務諸表の背景にある経営活動にはどんなものがあるのかを考える際に参考になるのが図表1－4のチャートである。これは「バリューチェーン」と呼ばれるもので、本来は「製品やサービスが顧客のもとに届くまでに様々な活動を経るが、その一連の流れのなかで価値やコストが付加されていき、この連鎖により顧客に向けた最終的な価値が生み出される」という考え方がベースとなっているものである。そして経営活動のどの部分で価値が生み出されており、それは競合と比較して優位性があるのかどうか、当社の強みや弱みがどの部分にあるのか、な

図表1－4　バリューチェーン

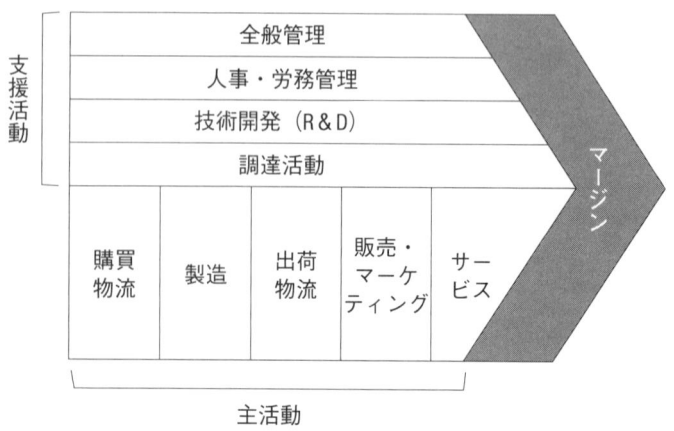

どを分析して事業戦略の有効性や改善の必要性を探るために使われるものである。

ここではバリューチェーンの使い方ではなく、企業の経営活動にはどのような活動があるのかの参考としてご覧いただきたい。このバリューチェーンに書かれている活動が企業で行われている主な活動である。

主活動としては「購買物流」「製造」「出荷物流」「販売・マーケティング」「サービス」などがある。支援活動の一番上に書かれている「全般管理」とは、主に「財務／法務／経理／情報サービス」など管理部門の業務内容を指している。支援活動にはさらに「人事・労務管理」「技術開発（R&D）」「調達活動」などがある。

そして経営課題は、これら一つひとつのなかに存在しているのである。もちろん企業の業種によっては存在しない活動もある。

では、これらの経営活動に内在している経営課題はどのように抽出・想定していけばよいのか。詳細は第３章、第４章、第５章に記載するが、ある程度公開されている情報によって経営課題を想定することができる。まずは顧客企業について、そして、顧客企業を取り巻く事業環境について客観的な情報を集めて経営課題を想定し、その経営課題について顧客企業にヒアリングする。経営課題は公開されている情報だけでは想定できないものもあるので、ある程度自身で想定し、その後は顧客企業にその想定や仮説を直接説明・確認してみることが大切なので

ある。想定や仮説を直接確認してみることで、自身での想定では認識できていなかった新たな視点や情報を得ることにもつながるのである。

第 2 章

「顧客を知る」ということ

1 「顧客を知る」という意識をもつ

　経営者と話すために具体的にどのような情報に目を通し、どのように話をすればよいのかというテーマに入る前に、この章では「顧客を知る」という意識をもつことの重要性について述べたい。

　まず顧客企業を訪問する際に、どのような意識・考えをもって訪問や面談に臨んでいるだろうか。この顧客企業には自らの金融機関が提供しているサービスのうちどのサービスが適切だろうか、それらのサービスを使ってもらうためにどのように説得しようか、顧客企業にとってどのようなメリットがあると説明しようか、またはどうお願いしようか、こんなふうに考えてはいないだろうか。

　営業担当者としての数字目標は相応に厳しいものであろう。しかしながら上記のように考えているとすれば、きわめて自分勝手な営業スタイルだといわざるをえない。もちろん自らの金融機関の提供するサービスを利用してもらうよう説得するために相手にとってのメリットを考えているとは思うが、結局はこちらの都合を相手に押し付けているだけである。「どうしたらこのサービスを利用してくれるか」ではなく、まず「相手を知ろう・知りたい」という気持ちをもつことが大切である。

　そもそも金融機関のサービスを利用していただくか否かの前

に、自分が担当している顧客企業が扱っている製品やサービスがどのようなもので、いったいいくらで取引されているか把握しているだろうか。顧客企業について手元にある財務諸表だけをみて判断していないだろうか。相手は無機質な数字ではなく、生きている企業であり、組織であり、そして人なのである。その企業体を知ろうとせずに信頼関係を結ぶことは不可能なのである。個人に置き換えて考えてみたらすぐわかるだろう。自分のことを知ろうとしてくれている人、理解してくれている人はありがたいし、大事にしたいと思うものである。また、そういう人を人は信頼するものだ。たとえ仕事でも「どうしたら相手が喜ぶのか」ということを考えるのは営業活動をするうえで重要な視点である。

　企業の業績を把握している状態というのは、個人でいえばその人の属性（名前、出身地、家族構成など）がわかっているだけであり、その人がどのような考えをもち、どのような悩みをもっているのかということは知らない状態だといえるのではないだろうか。これは企業体でも同じである。「顧客企業を知る」気持ちをもつというのは、言い換えれば「顧客企業がどのような悩みをもっているのか」「どうすればこの企業がよりよい企業になるのか」を考えることである。

　営業活動をするにあたり必要であるのは、顧客企業を知ろうとする「ハート（意思・気持ち）」と、顧客企業を分析する「スキル（手法・知識）」の両方である。つまり顧客に入れ込み、顧客側の視点で物事をみること、そして「スキル」は顧客企業が

どのような状況に置かれているのかを冷静に客観的に分析する力のことであり、どちらか一方ではダメなのである。

また、信頼関係を結ぶためという観点だけではなく、金融機関の基本のサービスである「資金繰りの支援」という観点からも、顧客企業を知ること（顧客企業の実態把握）は重要なのである。まず投融資取引の企画・審査判断の段階でいえば、「将来焦げ付かない投融資を行う」ことを目的として、顧客企業の事業推進にとって必要で、かつ金融機関にとって回収ないしは返済の確実性が高い投融資を行うために実態把握を行うのである。また、投融資取引実行後の回収・返済の段階においても、「すでに行った投融資が焦げ付かない」ことを目的として、投融資した資金が着実に回収・返済されるべく、取引先の事業の状況を適時に把握し、状況によっては顧客企業に経営改善策の実行を促していくために実態把握を行うのである。

そして、それら金融機関による実態把握の顧客企業にとっての意義は、「必要な資金の提供をタイムリーに受け、その資金をもとに適切に事業を行い、成果をあげ、さらなる中長期の発展につなげていくことができる」ことにある。すなわち金融機関が顧客企業の実態把握を財務諸表の側面からだけではなく、より幅広い視点から行い、経営課題を把握・共有することは、金融機関と顧客企業の双方にとってメリットのある取組みなのである。

2 顧客企業と話すときにまず押さえるべきこと

　経営者と議論をする前には、顧客企業が公開している情報には目を通しておこう。すでに目を通しているという方もいるかもしれないが、ざっとみているだけにすぎず、ポイントを押さえてみることができている方は少ないのではないだろうか。ポイントを押さえて、その内容について顧客企業の経営者や幹部の方々と話ができるくらいでなければならない。

　また、公開されているにもかかわらず、その内容を相手に聞くのは大変失礼なことである。事前に公開されている情報に目を通すのは、経営者と話をする前の基本作業であることを肝に銘じてほしい。担当企業が数十社あったとして、それは顧客企業にとっては関係のないことである。顧客企業にとっては自分の会社を担当している営業担当者が何社担当していようが、自分の会社に対しての姿勢のみをみているし、外部の人間に面談等の時間をつくるということはそれなりに労力を割くことであるので、基本的な礼儀をもって接する覚悟でいてほしい。

　みるべき情報と具体的な内容は次節で述べるが、特にその顧客企業のホームページ（以下HP）は必ずみてほしい。各社見比べてみるとわかると思うが、みやすい・みにくいを含めて企業の特徴が非常によく出ているものである。訪問時にHPに掲載されている代表者等の写真について話をしてもよい。顧客企業

の公開されている情報を話題にすることで、ぐっと相手と打ち解けることができる確率は高いだろう。

　そして、顧客企業が扱っている製品やサービスがどのようなものかをみてみよう。その目的は、ひとつは「(可能であれば)まずはユーザーとしての感想をもつこと」そして「顧客企業の金銭感覚を知ること」なのである。これを意外と知らない場合が多いことに驚く。著者が行っている金融機関の営業担当者向けの研修プログラムでは、製品やサービスの内容は知っているが、それが具体的にどのようなものなのか実際には触れたことがないという人が少なからずいる。一応HPに目を通して、どのようなものかはわかっているし、顧客企業から直接聞いてもいるので説明はできる、という担当者は多い。しかし本当に「顧客企業の視点に立って役に立ちたい」という想いがあるのであれば、その製品に実際に触れたり使ってみたりすることで自分なりの感想をもつことはとても重要だ。もちろんB to Bの事業を展開している企業であれば触れられない、使うことがむずかしい場合も多いが、消費財や一般消費者向けのサービスを扱っているのであれば、ぜひそのような気持ちをもって顧客企業の製品やサービスに触れてみてほしい。

　B to Cの事業を展開している企業であれば、ユーザーの感想というのはとても貴重なものである。製品やサービスにぜひ触れて、みて、使ってみよう。何も高尚な感想をいったり、分析をしたりしなくてもよい。使ってみた感じや、お店での陳列の仕方、周りの評判、競合品との違いなどを含め率直な感想を述

べればよい。顧客企業の製品を所有しているだけでも相手は嬉しいだろう。

　もうひとつの目的「顧客企業の金銭感覚を知る」ということについてであるが、同じ100万円であっても企業によってその価値が全然違うということである。わかりやすく製造業を例にするが、製品の利益が1個当り500円の企業と1個当り20万円の企業とでは同じ100万円を投資するというときにも感覚が全然違うということがおわかりだろうか。500円の企業では2,000個売らなければならず、20万円の企業では5個売る必要がある。もちろん製品の特性によってどちらが売りやすいのかなどは一概にはいえないが、この100万円の価値が企業によって違うという感覚をぜひもってほしい。何も考えずに「○○万円投資すれば……」などと考え提案したことはないだろうか。その金額を捻出するにはいったいどのくらいの苦労が必要なのか、これを知っているのと知らないのとでは話し方も提案の仕方も変わってくるし、それは相手に必ず伝わるものである。このような感覚をもっている金融機関の営業担当者は非常に少ないと思われるため、ぜひ意識してほしい。

3 公開資料で最低限押さえるべき情報

　では、具体的に公開されている情報の、どの部分に目を通すべきかについて述べたい。図表2－1にあるのは、その一覧である。

　まず、ホームページ（以下HP）についてである。これは企業の特徴や雰囲気がとてもよく表れているものである。HPは比較的だれにでも理解できるようなつくりになっているはずなので、ここでまず簡単に「企業情報」や「事業内容」を確認するのがよいだろう。また、経営者と話すのだから「社長の挨拶」や「経営理念」は必ず確認し、読み込んでおこう。訪問時に書かれている内容について話題を振ってみると、会話が弾むことになったり、経営者の人となりをさらに理解することにつながることもあるであろう。

　次に、IR関連の資料としては「有価証券報告書」「決算説明資料」「中期経営計画」の3つがある。最初の2つは上場している企業であれば必ず作成しているものだが、中期経営計画は場合によっては作成していない企業もあるだろう。また社内的には作成されているが、公表をしていない企業もある。ただ、決算説明資料のなかにはおおむね中期経営計画に当たるものが記載されているケースが多い。「中期経営計画」として独立していなくても、決算説明資料に3年後の業績目標や達成のため

図表2-1 目を通すべき公開資料

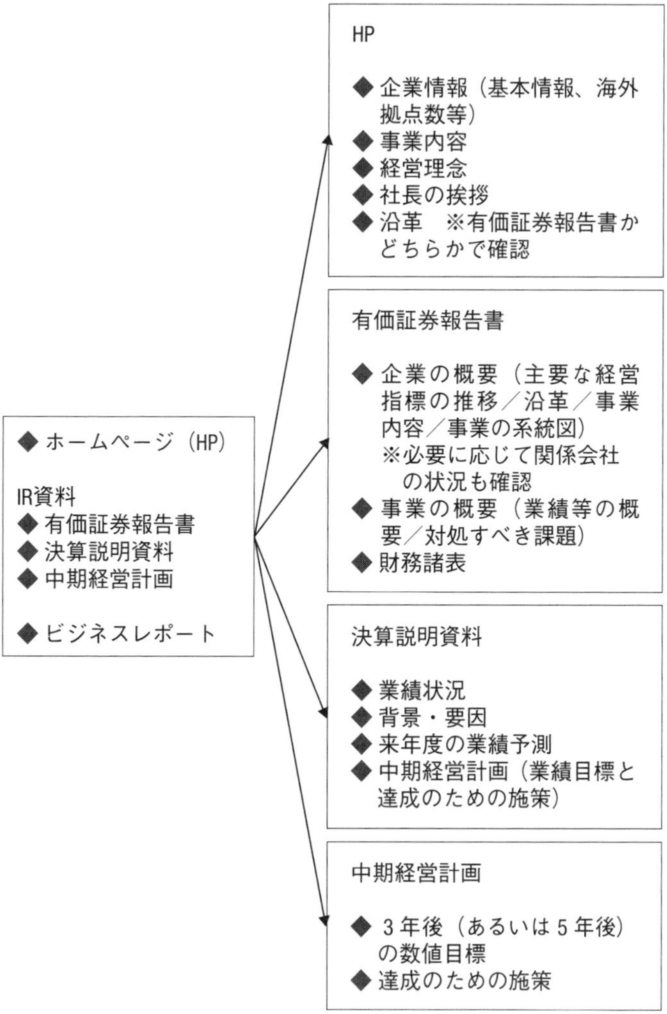

- ホームページ (HP)
- IR資料
  - 有価証券報告書
  - 決算説明資料
  - 中期経営計画
- ビジネスレポート

HP
- ◆ 企業情報（基本情報、海外拠点数等）
- ◆ 事業内容
- ◆ 経営理念
- ◆ 社長の挨拶
- ◆ 沿革　※有価証券報告書かどちらかで確認

有価証券報告書
- ◆ 企業の概要（主要な経営指標の推移／沿革／事業内容／事業の系統図）
  ※必要に応じて関係会社の状況も確認
- ◆ 事業の概要（業績等の概要／対処すべき課題）
- ◆ 財務諸表

決算説明資料
- ◆ 業績状況
- ◆ 背景・要因
- ◆ 来年度の業績予測
- ◆ 中期経営計画（業績目標と達成のための施策）

中期経営計画
- ◆ 3年後（あるいは5年後）の数値目標
- ◆ 達成のための施策

の重点施策が書かれているケースがあるので、見逃さずに確認しておこう。

ビジネスレポートは、会社によって作成している会社とそうでない会社に分かれる。有価証券報告書や決算説明資料、中期経営計画の３つはある程度記載する項目が決まっているため、どの会社も記載項目に大きな違いがあることは少ないが、ビジネスレポートはHPと同様、会社の特徴や雰囲気が表れる資料である。社員の楽しそうに仕事をしている写真が多いのか、製品の写真や技術に関する説明に多くのページが割かれているのか、全体の雰囲気は堅い感じなのか柔らかい感じなのか、余裕があればぜひ目を通しておきたい資料だ。

では具体的にどのページを確認すればよいのかというと、まず有価証券報告書で訪問前に確認しておきたい項目は前半部分に記載されている「企業の概要」「事業の概要」そして「財務諸表」である。

企業の概要で確認する内容は、主要な経営指標の推移・沿革・事業内容・事業の系統図である。それぞれみるべき視点としては以下のとおりである。

＜主要な経営指標の推移＞

① 売上推移……伸びているのか減少しているのか
② 収益性……赤字か黒字か、粗利率や営業利益率の傾向は？
③ 資産・キャッシュフロー……増えているのか減少しているのか

業績状況を確認するのは基本中の基本であり、金融機関の営業担当者であれば必ず確認している内容であるため、詳細の説明は不要だろう。少なくとも5年の経年変化を確認しよう。

＜沿　革＞

① 創業時の場所
② 創業時の事業内容
③ 技術面などで賞などをもらっていないか

沿革に書かれている内容は、雑談などをする際の話題の確認に近い。たとえば現在本社のある場所が創業時の場所と違うケースは往々にしてあるが、創業時の場所が実は自分の出身地に近いなどがあれば顧客企業の側も親近感が湧くだろう。創業時の事業内容も同様である。たとえば現在はインテリア家具の製造販売をしているが、実は創業時の事業は精密機械であったという企業もある。社長と話をする際に、このあたりを質問して語っていただいてもよいだろう。③の技術面などで賞をもらっているか否かは、製造業であれば技術面がどのくらい優れているのかを認識する材料になる。そのような視点をもちながら確認してみよう。

＜事業内容＞

① 事業のカテゴリー・内容
② 海外拠点での事業内容

このページには事業内容が簡潔にわかりやすく記載されているケースが多いので、まずは簡単に事業の内容を確認しよう。海外展開をしている場合、各拠点でどのような事業を展開して

いるかを記載している。また、小売業であれば店舗展開などについて触れているケースもあるので、いずれにしてもこの部分は基本情報として押さえておこう。

 ＜事業の系統図＞
 ①　商品やサービスがどのような流れで顧客に届くか
 ②　顧客企業が担っている部分はどこか
 ③　顧客企業を取り巻く協力会社はどのようなところがあるのか（子会社も含む）

事業系統図は商流に近いものである。どこから仕入れ、どこを通って顧客に届くのかが書いてあるので、その部分を確認しよう。その流れのなかで顧客企業が担っているのは製造部分だけなのか、原材料の加工からしているのかなど、全体のなかで果たしている役割を確認すると同時に、顧客企業を取り囲む協力会社（子会社があれば子会社も）の役割も確認しよう。

「関係会社の状況」は、たとえば海外にどのくらいの拠点があるのか、生産拠点なのか販売拠点なのか、また子会社はどのくらいあるのかなどを知りたい場合に確認するが、大まかな内容はHPに記載されているケースがあるので、経営者を訪問する前に最低限確認すべき内容として、まずはHPで確認し、詳細を知る必要があれば面談時に確認するくらいの位置づけでよいだろう。ただし、この後さらに深い話をすることになった場合は有価証券報告書に記載されている内容もしっかり押さえたうえで議論をしなければならない。

　有価証券報告書の最後は財務諸表である。ここでは営業利益

（率）の推移、そして先に主要な経営指標の推移で確認した内容の要因が何かを確認しよう。たとえば、収益性が悪化しているケースでいえば、原価率と販売費および一般管理費率のどちらが高くなっているのか、というような視点である。主要な経営指標の推移は5年の経年変化であるが、財務諸表の詳細は1年分しか掲載していないので、必要に応じて過去にさかのぼることも必要である。しかし、ここの部分は有価証券報告書で確認するよりも、金融機関内の資料で上記のポイントを押さえながら一度に5年の経年変化をみたほうが早いだろう。

次に決算説明資料であるが、これは企業が株主総会で発表する際に使用する資料である。したがって前年度の業績状況、今後の取組みなどが非常に簡潔にまとまっているため、準備時間が限定的な場合はこれだけでもみておくとよい。決算説明資料で確認しておきたい項目は、「今年度の業績状況」「背景・要因」「来年度の業績予測」「中期経営計画（業績目標と達成のための施策）」である。それぞれの項目についてみるべき観点は以下のとおりである。

＜今年度の業績状況／その背景・要因＞

① 目標と実績の乖離が大きいのか小さいのか。
　　→顧客企業の経営管理の力量をみる。乖離が大きければ業績見通しの甘さや期中でのテコ入れ対策が弱いということ。

② 目標未達の理由は環境によるものが大きいのか、自社の課題か。またその課題はすでに解決しているのかどうか。

第2章 「顧客を知る」ということ　31

→たとえ環境による要素が大きくても自社での努力を
　　　していいるのか否かをみることは重要。また、ここで
　　　あがっている自社の課題は経営課題である。解決し
　　　ていなければ社長の頭を依然悩ませている内容であ
　　　る。
③　好調だった場合は来期もそれが期待できる内容なのか。
　　できなければ、それにかわる対策を考えているのか（来年
　　度の予測で確認）。

＜来年度の業績予測／中期経営計画＞
① 　計画値に蓋然性／具体性はあるか。
　　　→将来の計画に関しての確認ポイントはこの一言に尽
　　　きるといっても過言ではないだろう。提示されてい
　　　る計画がどのくらい実現可能なのか。訪問時にこの
　　　あたりを聞き出すことも必要だ。
② 　計画実現のための施策のなかで特に力を入れたいと思っ
　　ている内容は何か。
　　　→施策が書かれていれば、そのなかで最も力を入れて
　　　書かれていることが顧客企業にとって最も関心があ
　　　ることであり、それを訪問時にきちんと話題にする
　　　ことが重要である。

　決算説明資料を読む際に注意したいのは、株主に説明することを目的とした資料であるため、概してよい点を強調して書いているケースが多いということだ。書かれている内容を鵜呑みにするのではなく、常に「それは本当か？」という気持ちをも

って読むことが必要だ。「売上好調にみえるけど、新規出店しているだけで1店舗当りの売上高は減少している」であったり、「最終消費財の車の販売が好調なだけで、当社（部品メーカー）としてはその流れに乗っているだけでは」ということも往々にしてある。「書かれている内容を理解する」のではなく、「（書かれている内容をふまえて）課題を探す」つもりで読むくらいがちょうどよい。

　以上が顧客企業の経営者と話をする前に押さえるべき基本情報である。慣れてくれば、これらをすべてざっと確認することはむずかしくはないと思うが、どうしても時間がない、こんなに読み込まなければならないのはむずかしい、という場合は、少なくとも決算説明資料とHPだけは目を通しておこう。

4 経営者と話をするためには

　ここまで経営者を訪問する前に押さえるべき基本的な情報について触れてきた。第3章以降では、経営者と顧客企業の将来の目標・計画や経営課題についてやりとりを進めるにあたり、どのような手順で材料を集め、会話を進めていくとよいかについて述べていきたいが、その前に経営者と話す際の心得について少し触れておきたい。

　経営者が孤独な存在であることは、すでに述べたとおりである。加えて非常に多忙であり、中堅・中小企業であれば自らが実務を行っている経営者も多いだろう。そのような状況のなかで、どうすれば短時間で効率的に聞きたいことが聞けるのだろうか。それに腐心している営業担当者もきっと多いだろう。

　その答えは「仮説をもつこと」である。これが非常に重要である。仮説とは様々な材料（顧客企業の情報）から「こうではないか」と推測することである。それを経営者にぶつけることで議論が絞られ、深まっていくのである。ただ漠然と「3年後の目標値を実現するために何に取り組まれますか」と聞いたのでは漠然とした答えしか返ってこないし、自分自身もいったいどこまで聞き出すことができればよしとするのかという指針がないため、訪問から戻ってから「あれ？　これはどうやって取り組むのだろうか」などと追加質問がたくさん出てきてしまっ

たりするのだ。まずは仮説をもつこと、これを意識しよう。

　もちろん経営者には様々なタイプがいて、明確にやりたいことが決まっていて、考えていること・構想していることを話したいという方もいるだろう。ワンマンな経営者に多いパターンだ。この場合はこちらが主導権をもって仮説をぶつけ、話をすることは非常に困難なので、仮説をもちながらも相手に話していただくことになる。ただワンマンな経営者の場合も仮説をもつことは必要である。なぜならこういうタイプの経営者はうっかりしていると経営者がずっと話し続けることになるため、経営者とたくさん会話した気になってしまうが、実は自分が聞きたいこと・聞くべきことがまったく聞けずに終わってしまうケースがとても多いからだ。特に若手の営業担当者はそのような状態に陥るケースが多い。時々話題を軌道修正しながら、合間をみて聞きたい質問をし、あくまでも経営者の勢いにのまれないで話をすることが重要だ。そのために、このようなタイプの経営者でも仮説をもち、聞きたいことをきちんと整理して相手に挑もう。そのときのポイントは、経営者がやりたいことに対して、

① なぜやりたいと考えているのか（企業の置かれた状況や背景の確認）
② どのように実現するのか（具体的な施策）
③ いつまでにどの程度の達成をねらっているのか（施策のゴールやスケジュール）

この３つの確認が重要である。

上記の逆のパターンとして、中長期的にやりたいことが明確になっていない、日々の課題の解決に追われていてじっくりと考えている暇がない、特に現状大きく困っていることはない（ただし将来のことを考えると課題はありそう）、という経営者もいるだろう。こういうタイプの経営者は将来の計画について議論をするのがむずかしいケースだ。聞き出そうとしても「3年後のことを聞かれても」「現状はそれなりに業績も安定しているからね」とはぐらかされてしまうケースもあるだろう。こういう場合も仮説をもって具体的に、かつ様々な視点でボールを投げなければならない。壁打ちの相手になってやりたいことを引き出し、一緒に考え、具体的な内容まで落とし込むという作業が必要になる。どのような経営者のタイプであっても仮説を立てることは重要なのである。

　第3章以降において、仮説を立てるための材料の集め方、分析の仕方、仮説の立て方を以下のような流れで整理・説明していく。

【Step1】顧客企業の内部環境を見直す

　　　（第3章：顧客企業を経営者目線で見直す）

① 事業構造を確認する

② 商流を確認する

③ 財務諸表を確認する

　　　↓

【Step2】顧客企業を取り囲む外部環境についての整理

　　　（第4章：取引先を取り巻く経営環境について知る）

① 市場動向について整理する
② 競合／顧客動向について整理をする
（注）【Step 1】【Step 2】をふまえてSWOT分析をする。

↓

【Step 3】経営課題を可視化し、経営者とコミュニケーションをとる

（第5章：経営者と話をするためのコツ）

　これらのことを調べ、分析するにあたり、心してもらいたいのは「自分の頭でしっかりと考える」ことである。よくわからないことが多くあるかもしれない。それでもまず自分の頭で考え、ビジネスの構造がどうなっているのか、どうやって儲けているのかを逃げずにしっかりと考えること、仮説とその根拠を事実（Fact）で説明できるようにしておくこと、である。経営者と話をするということはそういうことである。必要であれば、先輩方がどのように取り組んできたかを知り、参考にするために、上席者などに質問してもよいだろう。仮説をもたずに、知らないこと・わからないことをただそのまま丸投げして顧客企業に一方的に質問するのは、とても失礼なことである。

第 3 章

【Step 1】
顧客企業を
経営者目線で見直す

1 事業を分解し、時系列で考える

　すでにある程度の顧客情報を入手しているなかで、あらためて取引先の内部環境を見直す目的は「顧客の悩みを知る」ためである。言い換えれば、先ほどから繰り返し出てきている経営課題を明らかにするためである。おそらくいままでの情報収集は、顧客企業の業績や事業内容に関する情報を単に把握するということが多かったのではないだろうか。そこから一歩踏み込んで、それらの情報をもとにして（インプットにして）、「顧客企業の悩み（経営課題）」を考えてみよう。

　顧客企業の内部環境で最低限確認するものは「事業構成」「商流」、そして「財務諸表」である。まず事業構成であるが、ポイントは図表3－1にあるとおりである。基本は事業内容を

図表3－1　顧客企業の内部環境をみるときのポイント

①　それぞれの事業の売上構成比はどのくらいか。

②　事業ごとの売上推移はどうか（3～5年分）。

③　事業ごとの利益率はどのくらいか。

④　地域別（国内・海外）比率はどのくらいか。

⑤　顧客企業が今後力を入れていきたい事業はどれか。

きちんと分解することと、時系列で追うことの2つである。

まず経営課題を考えるときのポイントは「顧客企業の収益基盤となっている柱・主力の事業の状況はどうか」「業績が思わしくない事業は何か」、最後に「今後力を入れていきたい事業は何か」の3つである。経営者の頭を悩ませているのは、おおむねこれら3つのうちのどれかである。それらを把握するために図表3－1の①～⑤をみてみよう。

まず①と②と③は顧客企業のなかで柱となっている事業の状況と業績が思わしくない事業が何か、またそれらがどのくらい業績が悪いのか、経営課題は主にどの事業にあるか、の概略のあたりをつけることにつながる。売上推移をみるときには少なくとも3年以上はみるようにしよう。さらに④の国内・海外比率に関しては第4章にもつながるが、顧客企業を取り囲む環境を考えるときに国内市場のみを考えればよいのか、海外市場をどのくらい考慮すればよいのかの基準になるからである。海外に進出している割合と期間によって議論の内容が変わってくる。

たとえば、
① 海外比率が高い×進出してから長い
　　⟶ 次の海外進出先はどのあたりを考えているのか。
　　　現在の進出先での課題とその取組状況（長い期間たっていると課題が顕在化し、ある程度取り組んでいる場合が多い）。
② 海外比率が低い×進出してからまだ短い

　　　　→その地域での目標（進出規模とスケジュール感）とそれに対しての進捗状況。
③　海外比率が低い×進出してから長い
　　　　→現状の課題とそれに対する対策、取組状況（おそらく予定どおりに進んでいない場合が想定されるため）。

　海外比率が高く、進出してから短い事業というのはよほどの資本力がない限りむずかしいと思われるので、今回は割愛する。いうまでもないが海外市場というのは日本市場と大きく違うので、海外進出をしている企業の経営者はかなりの確率で悩みを抱えているケースが多い。したがってこの点は議論をするには外せない部分である。

　最後にある「今後力を入れていきたい事業」は経営者の頭のなかを占めている事項のひとつであることは間違いないので、ここもしっかり押さえる必要がある。この点に関しては自分の頭で考えるというよりは面談時に直接経営者に聞く内容だ。結果的に「収益基盤」「業績が下がっている」「今後力を入れていきたい事業」すべてが同じ、あるいは違う事業である場合もあるかもしれないが、一つひとつについて質問をしていこう。また、基本は自分の頭で考えることが重要だが、たとえば事業別売上構成比や利益率など事実（Fact）に関することは考えてもわからない内容なので、このような内容に関しては時間の無駄なので臆せず顧客に確認や情報提供を求めていくことが必要である。

　図表3−2にあるのは事業構成の情報収集をする際の項目例

図表3－2　事業構成に関する情報収集（例）

事業	事業内容	売上構成比(2013年度)	売上（百万円） 2011年度	2012年度	2013年度	粗利益率(2013年度)	備考
① A事業	×××	46%	3,588	3,657	3,726	32%	国内：海外＝56％：44％
② B事業	○○○	28%	2,028	2,067	2,268	41%	A事業にかわる事業に育てたい。
③ C事業	△△△	18%	1,872	1,908	1,458	28%	A、B事業の付随的事業
④ D事業	□□□	8%	312	318	648	63%	新規事業で芽が出てきたばかり。

である。このような情報を集めれば、上に述べたような議論をする材料になるだろう。

　この企業の場合、収益基盤がA事業であり、売上構成比は46％前後で安定していて海外での売上がかなりの割合を占めている。しかしC事業は、売上構成比はそれほど高くないが業績が下降傾向にあり、何らかの問題がありそうだ。さらに最も利益率が高く、売上構成もA事業の次に高いB事業を新たな柱として育てたいと考えている。これらの事実から経営者と話をするトピックとしては大まかに以下のように整理される。

① 　A事業の海外展開状況について
② 　C事業の売上が減少傾向にある理由について
③ 　B事業の現状（生産、物流、営業、販売など経営活動における現状）

これらの大まかなトピックをもとに、ほかの情報もふまえて経営者にどう質問するかを考えていくのが次の作業となる。

2 ビジネスの流れを把握する

　次に顧客企業の商流を整理しよう。商流とは「モノ」や「サービス」の流れであり、「機能」「登場プレイヤー（自社／協力会社、競合は除く）」を整理するものである。ここでいう「機能」とは原材料の仕入れ・加工、製品の加工、販売などのことを指す。図表3－3に電子部品用プラスチック成形業（コネクターのプラスチック成形）の商流の例を掲載しているので確認してほしい。

　商流図を作成する目的のひとつは「顧客企業の今後の方向性を議論するため」であり、2つ目は「業務あっせんを提案するときに商流のどの部分の企業を紹介したらよいのかを具体的に議論しやすくするため」である。ひとつ目の今後の方向性を議論するというのは、顧客企業（またはグループ）が現状商流図のうえでどのような機能を担っているのかを把握し、川上（原材料側）もしくは川下（販売側）のプレイヤーとの関係やそこにおける課題を考えたり、今後の成長を考えるうえで川上や川下の領域への参画が可能かどうかを議論する、などということである。図表3－3でいえば、現在当社は試作品の企画・製作から金型製作までを行っているが、これを川上、つまり原材料調達まで機能を拡大するか、もしくは現在部品メーカーが行っているコネクターの組立てを当社で行うか、金型メーカーに出

図表3－3　商　　流

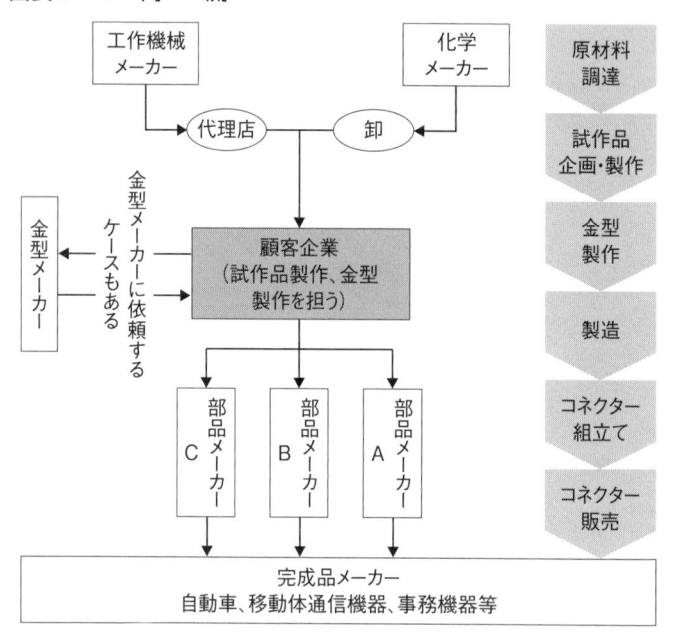

```
工作機械              化学
メーカー            メーカー
    ↓                ↓
   代理店 ──────── 卸
            ↓
    ┌───────────────────┐
金型│    顧客企業        │
メ │ (試作品製作、金型  │
ー ←│   製作を担う)      │
カ │                   │
ー └───────────────────┘
      ↓     ↓     ↓
    部品   部品   部品
    メー   メー   メー
    カー   カー   カー
     C     B     A
      ↓     ↓     ↓
    ┌───────────────────┐
    │    完成品メーカー      │
    │自動車、移動体通信機器、事務機器等│
    └───────────────────┘
```

（金型メーカーに依頼するケースもある）

原材料調達
試作品企画・製作
金型製作
製造
コネクター組立て
コネクター販売

しているのを自社で内製するか、といった議論が可能になる。まさにこのようなトピックこそが経営者と話すべき内容であり、財務担当者とはできない話なのである。

　もうひとつの業務あっせんについてはなじみがある提案だろうと思うが、往々にして顧客企業の商品やサービスを販売できる先を紹介するケースが多いのではないだろうか。しかしこの商流図を作成しておけば、たとえば原材料を調達する先を増やす、金型メーカーや部品メーカーに当たる先を紹介するといった選択肢も増える。これは何を意味するかというと、顧客企業

にとっては、取引先を増やすことによって製造コストを下げられるというメリットを享受できるかもしれないのだ。このような点からも商流図は非常に重要なのでぜひ作成してもらいたい。もちろん販売先の紹介を検討・具体化するにあたっても、どのような企業を紹介するとよいかということの検討に役立つ。

　商流図を作成すると工場や物流拠点（倉庫）、店舗などが出てくると思うが、顧客企業が工場や倉庫、店舗をもっている場合はぜひその場に足を運び、現場の声を聞いてみよう。工場や倉庫は課題の宝庫であるし、店舗も含め経営者にとって現場の声というのは非常に貴重なのである。経営者はなかなか現場に足を運ぶことができないし、企業によっては生の情報が経営者の耳に入りにくいところもある。それを第三者である皆さんが情報を収集し経営者に伝えるだけでも貴重な情報提供となる。何を聞いたらいいかわからない、という方も多いだろう。そういう方のために、本書の巻末に「顧客企業訪問時のヒアリングポイントと質問例集」として聞くべき内容をまとめたので、ぜひ参考にしていただきたい。

　また、商流図は有価証券報告書の「事業の系統図」を参考に大まかに作成することもできるが、基本的に有価証券報告書は自社の内容紹介なので、自社や子会社が関連している部分しか掲載されていないケースも多い。業界によっては『業種別審査事典』に代表的な商流が載っている場合もあるので、一度確認してみよう。それでもわからないときは顧客企業の聞きやすい

人に確認してみることをお勧めする。何も考えずに丸投げして質問することはよくない、ということを前述したが、事実を収集する際にはわからないことをいくら考えても時間の無駄である。「だれに聞いたら適切なのか」をしっかり考え、経営者でないとわからない内容、財務担当者でもわかる内容、そのほかの担当者でないとわからない内容などをきちんと選別して効率的に情報収集を行おう。

3 財務諸表の見方

　財務諸表は金融機関の営業担当者であれば常日頃みているものであるため、すでにわかっている方も多いかもしれないが、多くの方は貸借対照表（B／S）を中心にみているのではないだろうか。ここでは経営者と経営課題についての話をすることを目的としているため、企業の一時点のストックの状態を表すB／Sではなく、事業活動の結果を表すフローの概念である損益計算書（P／L）にフォーカスして、基本的な見方を説明したいと思う。第1章でも述べたが、財務諸表をみるときには数値を追うだけでなく、結果としての数値の背景にある「経営活動」に常に重きを置きながら数値をみることが重要だ。

　まず基本的な見方として、数値をみる際には必ず「経年変化をみること」「大項目→詳細という流れでみること」「金額と率の両方をみること」、この3つが重要である。前者2つは財務諸表に限らず、数値分析をする際の基本である。経年変化は5年間が望ましいが、少なくとも3年以上の数値を見比べてトレンド（減少傾向なのか増加傾向なのか）を把握しよう。なぜなら、たとえばリーマンショックのようなイレギュラーな事象が起きた場合に、財務諸表上の数値の変化がイレギュラーなものなのかそうでないのか、1～2年の数値を比較しただけでは判断できないからだ。数値の下落、もしくは急増が一時的なもの

なのかどうかの判断は3年間での比較でもむずかしい場合があるので、できれば5年間でトレンドをみるようにしよう。

　大項目から詳細を確認するというのは、たとえば販売費および一般管理費の合計額を確認してから詳細項目を確認するということである。詳細の金額が増えていても、全体として減少もしくは微増であれば課題があるとはいえない場合がある。詳細項目をみて性急な判断をする前に、全体としてどうなのかという視点をもとう。

　さらに金額と率は、たとえば、営業利益額だけではなく売上高営業利益率の変化もきちんと把握するということである。金額が増えていても、売上に対する営業利益率が減少している場合が多々あるからだ。いくら営業利益額が増えていても、売上に対する割合が減少していればそれは経営活動のどこかに課題があるということである。おおむね売上が右肩上がりの会社にありがちなケースである。売上が伸びていて会社全体が売上拡大に気持ちが向いてしまっている場合、多少利益の幅が薄くなっても目をつぶるというケースはある。そこをあえて原因を究明し、コスト削減や利益率改善の施策を打たなくてよいのか指摘することは、第三者の役割でもあるといえるだろう。

　図表3-4は簡易的な財務諸表の項目と、具体的に確認する項目を示している。財務諸表の項目で主に事業活動に関係あるのは営業利益までなので、ここまでの数値を中心に確認しよう。そして売上総利益（粗利）は原価、営業利益は販売費および一般管理費がそれぞれ影響しているため、売上高推移を確認

した後は、売上総利益（率）と営業利益（率）の推移を確認し、その原因となる原価、販売費および一般管理費の詳細項目の金額の推移をみていく。ちなみに原価明細は有価証券報告書の財務諸表の次にある注記事項のなかに書かれている場合があるので目を通しておこう。原因を詳細項目まで絞れれば、後は経営者とその要因について議論をするだけである。

ここでひとつ問題となるのは「営業利益3％は低いのか高いのか」という判断をどのようにするかである。顧客企業の財務諸表だけをみていたのでは高いのか低いのかは判断ができない。可能であれば競合の財務諸表の数値と比較して判断するのが望ましいが（その場合2社以上が望ましい）、それができなけ

図表3－4　財務諸表の見方

見方の基本	主にみるべき部分（事業活動の結果）	項目	金額	備考
		売上高	XXXX	
		売上原価	XXXX	
		売上総利益	XXXX	原価に関連する経営活動に課題あり
①経年変化をみる		販売費および一般管理費	XXXX	販売費および一般管理費に関連する経営活動に課題あり
②大項目→詳細の順番でみる		**営業利益**	XXXX	
③金額と率の両方をみる		営業外収益	XXXX	
		営業外費用	XXXX	
		経常利益	XXXX	
		特別利益	XXXX	
		特別損失等	XXXX	
		税引き前当期純利益	XXXX	
		法人税等	XXXX	
		当期純利益	XXXX	

れば『業種別審査事典』や会計情報サービスの会社などから主要財務諸表の業界平均が公開されているので、そのような数値と比較して判断しよう。もしそれもできないのであれば、顧客企業のトレンドから課題を想定し、経営者と議論する準備をしよう。

4 中堅・中小企業にある共通の課題

　多くの中堅・中小企業が共通して悩んでいる事項に、人材面の課題がある。中堅・中小企業で人材面について悩んでいない企業はないといってもいいくらい、この話題を振れば多くの経営者がうなずくだろう。人材面とはタテ、ヨコ両方である。タテは役職、ヨコは人数であるが、たとえば「次世代幹部候補がいない」「各部門の人員が足りない」「〇〇部員の質を向上させたい」「10年後をみた場合に人材構成がいびつである」などである。

　役職でいえば中間管理職、幹部候補がいない、経営者の次を担う幹部候補がいないというのはよく聞く話である。中堅・中小企業の経営者は平均的に70歳くらいまで現役で働くケースが多いが、少なくとも60歳、65歳くらいの段階で次世代のことを考え始める必要がある。事業承継だけではなく経営そのものを引き継ぐということを考えていかなければならない。

　部門別の人員不足でよくあるのは営業部門、経営管理部門、企画部門に関する人材不足である。中堅・中小企業は経営者自身が営業出身や技術者出身であるケースが多いため、経営管理をする人材が弱くなりがちである。経営者の興味、関心がどうしても自分自身の経験から営業や技術寄りになってしまうため、日常の経営管理や経営計画の作成などを取り仕切る経営幹

部・管理系人材が不足してしまいがちなのである。

　そのほかには、企業の知名度が低いため若手の人材（新卒に限らず若手技術者など）が採用しにくい場合や、実務はできるのだが将来的に事業を伸ばしていくための事業企画を推進する人材が採用しにくいといったケースもよくあることだ。

　また長期的な視点をもてば、たとえば10年後・15年後を考えたときに人材構成がいびつになってしまうケースがある。中堅・中小企業の場合、景気状況が直接的に採用に響くことが多いため、現在は特に問題がなかったとしても何年後かの人材構成をみた場合に、たとえば中間層が薄いなどのバランスが悪くなってしまうケースがあるのだ。バランスが悪いと気づいてから手を打つのでは遅く、こういう場合も早めに手を打っていく必要がある。経営者は考えている場合もあるが、外部の人間で何年後の人材構成というような見方をする人は少ないため、これも貴重な問題提起となるだろう。このような課題に対しての解決策としては教育研修や幹部・管理者育成等のコンサルティングなどが考えられるが、金融機関で提携している外部機関の紹介なども含めて提供できるソリューションをふまえたうえで、経営者からこのような話をぜひ引き出していただきたい。

　経営者にとって人材面の課題というのは、金融機関の営業担当者に対して実は話しやすいテーマである。なぜなら金融機関の営業担当者は人材関連の専門家ではないからだ。その道の専門家にそのものずばりの悩みを相談するのは、何かサービスを売りつけられるのではないかと警戒心が働くことが多いため、

素直に自分の悩みを話しにくい。銀行の営業担当者に資金繰りの状況を赤裸々に話すことがむずかしいのと同じである。したがって多くの経営者が人材面の悩みについては意外にいろいろと話してくれるだろう。こういうところから経営者の懐に入るというのも可能なのである。

第4章

【Step 2】
取引先を取り巻く経営環境について知る

1 取り巻く経営環境について知ることの重要性

　顧客企業の内部環境を見直した後は、取り巻く経営環境について整理してみよう。その理由は顧客企業の将来のあり方を考え、経営者と話し合う準備をするためである。顧客企業の将来を考える際に、大きく影響を受ける経営環境の変化や状況を把握せずに進めることは無謀であり、実現可能性という面で非常に信憑性に欠けるものになってしまうからだ。

　経営者と議論する経営課題とは、将来の目指す姿（経営目標や短期中期の経営計画）と現状との差異（ギャップ）ないしは、その要因となっている事項であることは先に述べたとおりである。経営課題はすでにみえている課題であることもあるし、将来どうありたいかを考えた場合、それを実現するために解決しなければならない課題である場合もある。したがって、取り囲む環境を意識したうえで実現可能性を考慮しながら、顧客企業の将来の目指す姿を議論していくことは、金融機関の営業担当者の活動として必要不可欠なことであると考えるべきである。

　では「将来」というのがどのくらい先かというと、一般的には3年後あたりを想定する。様々な上場企業のIR資料にある「中期経営計画書」をみると、ほとんどの企業が3年後の計画値を提示しているだろう。かつては5年後を想定している企業もあったが、環境の変化が激しい状況においては、5年後を想

定するのはむずかしいケースが多く、結局計画を修正することになるため、いまでは3年後を想定して中期計画を策定しているケースが多いように思われる。

　中堅・中小企業の場合は、書面としての「中期経営計画書」というかたちになっていない場合が多いかもしれない。しかし、書面・資料としての中期経営計画書がある・ないということと、経営者の頭のなかに「3年後・5年後の自社の目指す姿」や「中期経営計画」に相当する内容がある・ないということは別物である。書面・資料としては作成されていなくても、通常経営者は3年後・5年後の目標やそのための計画・施策は考えている。したがって、それら経営者が考え・想定していることを確認し、共有していくことは非常に大切な活動である。そして、その際により深い議論をするために、顧客企業を取り巻く環境について整理し、そこから顧客企業が将来さらされるであろう変化やリスクを想定していくことが必要なのである。

　では顧客企業を取り巻く経営環境とは具体的に何を指すのかというと、「市場」「競合」「顧客」の3つから考えていくととらえやすい。これら3つにどのようなことが起きていて、今後どうなるのかを予測し整理することが「顧客企業を取り囲む環境を整理」することにつながる。整理の仕方の詳細は後述するが、いくつかのポイントを図表4－1にまとめている。

　まず「市場」に関しては市場規模推移、市場成長率、今後市場に影響を与えそうな事象は何かを調べ、今後の市場成長率について予測をする。目的は、ある程度の根拠をもって将来の市

図表4－1　取り巻く環境を調べる際のポイント

〈調べるポイント〉

市場
- ◆ 市場規模推移（定量データ）
- ◆ 市場成長率（定量データ）
- ◆ 今後市場に影響を与えそうな事象（定性データ）

競合
- ◆ 直近1年の業績（定量データ）
- ◆ 3～5年の業績（定量データ）
- ◆ 直近1～2年の取組施策（定性データ）
  →海外進出状況、工場新設、新商品開発、リストラ施策など

顧客
- ◆ 顧客を取り囲む経営環境（定性データ）
- ◆ 顧客を含む業界の景気動向（定量／定性データ）
- ◆ （消費者の場合）嗜好の傾向、流行（定性データ）

場の規模がどのように推移していくのかを予測することなのである。

その際に様々な事業を展開している企業の場合、どの事業について深く議論をするのかを想定しなければならない。それは効率的に議論をするため、また担当企業を数十社程度もち、日々多忙な業務をこなしている場合、すべての事業について議論の準備をすることは困難なことだからだ。そのときに第3章1節で述べた事業構成の見方・考え方が必要になってくる。顧客企業の、売上構成比が高く収益基盤である事業は何か、業績が思わしくない事業は何か、今後伸ばしていきたい事業は何か、これら3つの考え方に照らし合わせてどの市場を調べるかを判断しよう。一般的には売上構成比が高く収益基盤である事

業、今後伸ばしていきたい事業について調べるケースが多い。

次に「競合」に関しては通常、競合シェアやシェアの寡占状態を調べたりすることが多いが、中堅・中小企業が顧客企業の場合、業界の主要企業が競合に当たるケースは少ないだろう。したがって、業界の競合シェアを調べても顧客企業の競合状況と一致するケースは少ないと思われるため、調べる内容としては主に顧客企業の競合の直近1年の業績、3～5年の業績推移や1～2年の取組施策などについて調べることになる。業績の比較については推移の比較と数値そのものの比較の2つがあり、推移については3～5年を並べて比較するが、たとえば「売上高総利益率」を比較し、経営活動の課題を明らかにする場合は最新の業績を使って比較し、想定される課題仮説を検討する。取組施策とはたとえば海外への進出状況、工場の新設や商品開発状況、リストラ施策などである。分析方法の詳細は本章3節で述べる。

その際に中堅・中小企業の場合「競合はどこか」という問題が出てくる。大手上場企業が顧客企業であれば、どこが競合に当たるかは業界資料に記載されているケースが多いため判断しやすいが、中堅・中小企業であれば競合先を業界資料などで調べることは困難であることが予測されるため、どこが競合に当たるかは顧客企業に直接聞いてみるとよい。そのような場合、確認先としては、財務・経理の担当者よりも営業部門や事業部門の担当者のほうが適任であるケースが多い。日常の訪問のなかでそのようなヒアリングができるような関係構築や紹介依頼

をしておくことも大切なポイントになる。

　最後に、「顧客」であるが、これは顧客企業の販売先である。たとえば自動車部品のメーカーであれば、顧客は自動車メーカーであり、彼らがどのような動きをしているのか、取り囲む経営環境はどのような状況か、彼らを含む業界の動きはどうなのかを調べ、それによって顧客企業はどのような影響を受けそうなのかということを予測する。「顧客」が消費者の場合は消費者の嗜好や流行などを押さえることが必要だ。

　図表４－１にまとめたポイントにもあるように、顧客企業を取り巻く環境を調べる場合、「定量データ」と「定性データ」の２つがある。実際に情報を集める段階になると、定性データのほうが集めやすいためか、定性データを中心に集める営業担当のほうが多い。しかし重要なのは定量データ、すなわち数値をきちんと押さえることである。これは説得力の向上と、明確な議論をすることにつながる。経営課題の仮説を考える際には、事実情報から論理的に想定・検討していくが、その際に数値を活用すると説得力が増すのである。たとえば、「市場は拡大傾向である」という点についての議論を進めようとしたときに、経営者に日頃の取引状況などからその実感がなく、「拡大傾向ではないのではないか」といわれた場合、数値がなければ反論のしようがない。そういうときに「実感はないかもしれませんが、市場の成長率は３％というデータがあります。まだまだ事業拡大をねらえる可能性があるので、何か取組みができないか考えましょう」といえば共通の認識を土台に議論を進める

ことができるだろう。忙しいとつい定性的なデータ収集が中心となってしまうが、そこはポイントを押さえて必要な定量データを収集していくことが大切である。

2 将来を議論するための材料を集める
―市場―

　本節と次節では、1節で述べた顧客企業を取り巻く経営環境をとらえていく際の3つの要素について、顧客企業と会社・事業の将来を議論していくための材料・情報をいかに収集するかについて述べていく。

　まず市場についてだが、図表4-2に提示しているのは市場規模推移グラフの例である。

　目的は「将来の市場規模推移を予測する」ことであるため、データを収集するときのポイントは「過去10年程度（少なくとも5年）のデータを集めること」と、「前年度からの成長率を計算すること」である。データによっては将来予測までしてくれているので、その場合はその数値を参考にしよう。市場規模のデータでは多くの場合、市場規模増減の要因について解説されている。今後市場に影響を与えそうな事象が記載されていることもあるので、それらも忘れずに確認すること、海外進出をしている企業であれば、国内の市場動向だけではなく、海外の市場動向についてもきちんと押さえることが必要だ。海外市場規模についてはデータを集めるのはむずかしい場合が多いが、少なくとも定性的な動向については押さえておこう。

　市場に関する定性データをもれなく集めるときに便利なのがPEST分析である。P＝政治、E＝経済、S＝社会、T＝技術であ

図表4-2　市場規模推移

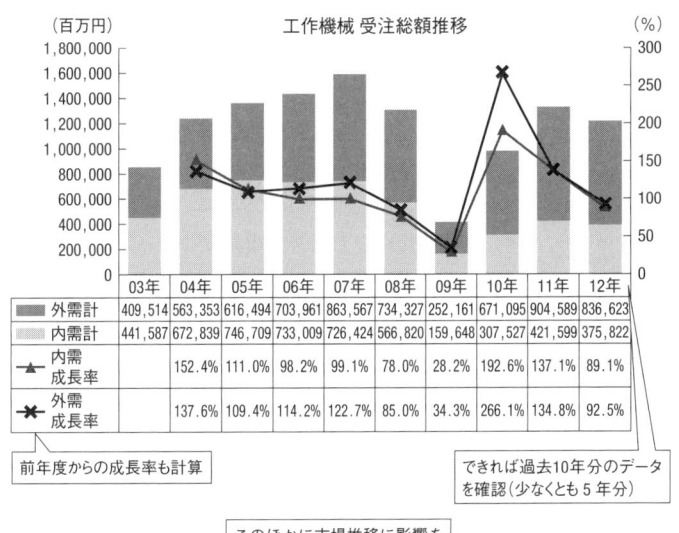

工作機械 受注総額推移

	03年	04年	05年	06年	07年	08年	09年	10年	11年	12年
外需計	409,514	563,353	616,494	703,961	863,567	734,327	252,161	671,095	904,589	836,623
内需計	441,587	672,839	746,709	733,009	726,424	566,820	159,648	307,527	421,599	375,822
内需成長率		152.4%	111.0%	98.2%	99.1%	78.0%	28.2%	192.6%	137.1%	89.1%
外需成長率		137.6%	109.4%	114.2%	122.7%	85.0%	34.3%	266.1%	134.8%	92.5%

前年度からの成長率も計算

できれば過去10年分のデータを確認（少なくとも5年分）

このほかに市場推移に影響を与えそうな定性的なデータを収集すること。

（出典）　(一社)日本工作機械工業会「工作機械統計」

る。詳細な内容は図表4-3に示してあるとおりだ。これらの観点で整理すれば、どの情報が足りないかがわかるので、もれなく収集することができる。後ほど情報収集するためのソース（情報源）について触れるが、PEST分析などは日頃から日本経済新聞などを丁寧に読んでいれば認識できる事項が多いので、わざわざ調べる時間を確保するのではなく、常日頃から顧客企業の業界を意識して新聞・業界紙・雑誌などからの情報収集を心がけておくことが大切である。

　ここでひとつ問題となるのは、顧客企業の事業がニッチなた

図表4-3 PEST分析

〈整理する観点〉

Politics: 政治	法規制、政治、外交などの分野で業界に影響を与える（または与える可能性のある）事柄 （例）規制緩和、税制、輸入の制限量・額の変更など
Economics: 経済	経済成長率や物価、金利などの経済情勢について（グローバル化が進展した近年では国内のみならず海外動向にも注意が必要） （例）景気悪化による消費支出の減少、インフレなど
Society: 社会	人口動態、流行・普及、世間の関心など （例）少子高齢化、スマホの普及、メタボリック症候群対策など
Technology: 技術	新技術の開発・導入やテクノロジーの進歩など （例）音楽・動画配信、EC（電子商取引）の拡大など

めにデータが見つけられないケースである。ニッチとは特定のニーズで成り立っている小さな市場のことである。その場合、顧客企業の事業そのものに関するデータは調べることがむずかしいため、周辺の市場についての数値を探すことになる。その考え方としては以下の2つがある。

① 一段高いレベルの市場を調べる

　　（例）「携帯電話端末の部品」でデータがない場合は、「携帯電話端末」のデータを参考値とする。

　　→半導体や電子部品などの場合は最終製品、その他測定機器や製造するための機械などの場合はそれらを使用して製造する製品の市場規模データを参考値にするケースが多い。

② それでもデータが得られない場合は、当該市場に影響を与

えるであろう市場を調べる

　（例）「墓石・葬儀」でデータがない場合は、「年間死亡者数」の規模データ等を参考値とする。

以上のような、顧客企業を取り巻く環境を調べる情報が取得できるソース（情報源）を図表4－4にまとめた。「金融機関内」と書いてある部分のデータは、多くの金融機関において社内の情報インフラとして用意されていると想定できるものを掲載している。5～7は正式なソース名であるが、8～10は金融機関内に類似の資料・データが作成されているケースがあるため、探してみるとよい。もし金融機関内にそのようなソースがない場合は、「外部機関」の部分にあるソースを活用して情報収集を進めるようにしよう。

図表4－4　情報ソース（例）

	No	主なソース名	わかること
外部機関	1	IR情報ほかネット上の情報	有価証券報告書、決算短信、事業計画、ニュースリリースなど（対象企業と競合会社）
	2	官庁統計データ	家計調査や国勢調査、事業所・企業統計など総務省や経済産業省などが公開しているデータで入手しやすい
	3	業界団体ホームページ（HP）	顧客企業の業界団体のHPに統計データとして市場規模推移（需要動向）や顧客動向がまとまっている場合がある
	4	一般書籍・雑誌・新聞	業界や企業に関するデータがまとまっているが、一部情報に偏り、信頼性に問題がある可能性もあるため、出典は必ず確認する

金融機関内	5	業種別審査事典 (一社) 金融財政事情研究会	全業種を1,370業種に分類。昨今の業界動向や最新の業務・商品知識、および各業種特有の取引慣行や流通経路など
	6	業種別業界情報 ㈱経営情報出版社	全業種を約350業種に分類。各業界の仕組みから特性、企業規模、商品知識、業界の悩みや今後の方向など
	7	TDB業界動向 ㈱帝国データバンク	主要100業界・230分野に分類。主要企業の業績と業界全体の動向・展望など
	8	産業レポートなど	国内外の主要業界動向
	9	類似決算比較	財務データなどを活用し業種・取扱商品・地域などを切り口とした類似企業の決算比較がされている資料
	10	記事検索	世の中に発行されている新聞、雑誌などをキーワードや発行時期などで検索できるサイト (例) 日経テレコンなど

3 将来を議論するための材料を集める
―競合／顧客―

 次に「競合」についてであるが、主に調べる内容としては「直近1年の業績」「3～5年の業績」と「直近1～2年の取組施策」であった。業績を競合他社と比較する目的は、「業績の背景にある経営課題の仮説を想定する」ことと、「業績の推移が顧客企業の動きと違う場合の取組施策の差を想定する」ことの2つである。また直近1～2年の取組みを調べる目的は、「顧客企業にとって参考になる取組みはないかを検討する」ためである。業績に関しては、上場している企業であればIR資料やYahoo！ファイナンスなどのサイトを利用してデータ収集しよう。後者の取組施策については雑誌や記事検索をすると比較的容易に集めることができる。金融機関内のソースにそのようなツールがあれば活用しよう。もしなければネット検索で競合他社の記事がヒットしないかみてみよう。

 業績比較の目的の2つあるうちのひとつ目、「業績の背景にある経営課題の仮説を想定する」ことについてまず説明する。業績を比較するときの項目を図表4－5にまとめている。

 比較をするときには、少なくとも競合他社は2社以上比較することが望ましい。そして業界共通の指標としては図表4－5にあげた数値について、そのほか業界特有で代表的な指標があれば比較してほしい。たとえば小売業であれば「1坪当りの売

図表4−5　業績比較（例）

		対象企業	A社	B社	C社
	財務諸表	数値	数値	数値	数値
財務指標	収益性（％）売上高総利益率				
	収益性（％）売上高営業利益率				
	コスト（％）原価率				
	コスト（％）販管費率				
	安全性（％）自己資本比率				
	安全性（％）流動比率				
	成長性（％）売上高成長率				
	成長性（％）粗利益成長率				
	効率性（％）棚卸資産回転率				
	効率性（％）総資産回転率				
	追加項目（　　　）				
	追加項目（　　　）				
	追加項目（　　　）				
	追加項目（　　　）				

上高」などである。このような指標は『業種別審査事典』に掲載されているケースが多いので、確認してみよう。業界平均も『業種別審査事典』に掲載されている場合が多いが、顧客企業の業種が『業種別審査事典』に分類されていない場合は顧客企

業界平均値 数値	想定される原因		改善への施策(他社ベストプラクティス)
業界平均値は業種別審査事典を参考にする。業種別審査事典になければ調べた企業の平均値を使う		→	
		→	
		→	
		→	
		→	
		→	
		→	
		→	
その業界特有の指標があれば追加で比較する		→	
		→	
		→	
		→	

業と競合他社の数値の平均を目安として用いよう。

 次に、顧客企業の数値が低い項目があった場合に、その背景にある経営活動の課題をどう想定するかの例を図表4-6、4-7に掲載している。ともに外食産業を例にし、それぞれ売

図表4-6　競合他社分析（ベンチマーク）：分析の視点
　　　　　外食産業売上高総利益率

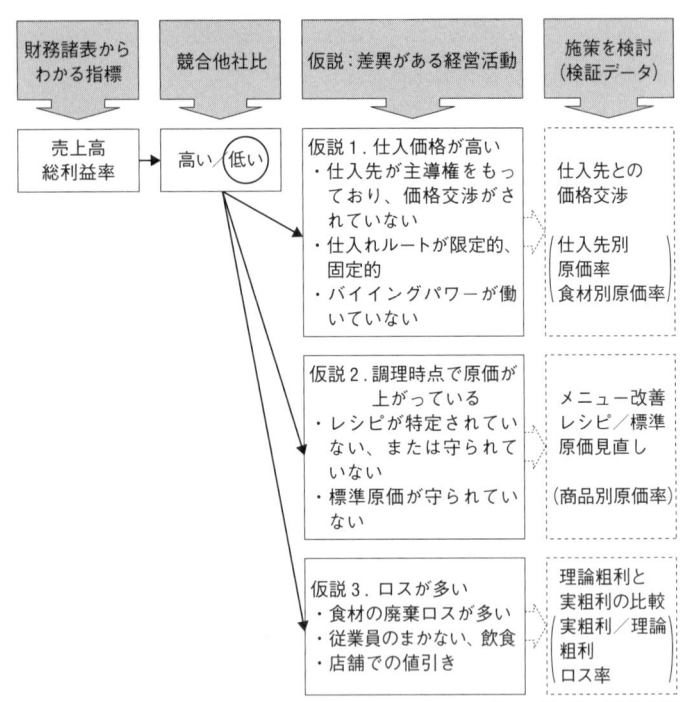

財務諸表から わかる指標	競合他社比	仮説：差異がある経営活動	施策を検討 （検証データ）
売上高 総利益率	高い／低い	仮説1．仕入価格が高い ・仕入先が主導権をもっており、価格交渉がされていない ・仕入れルートが限定的、固定的 ・バイイングパワーが働いていない	仕入先との 価格交渉 仕入先別 原価率 食材別原価率
		仮説2．調理時点で原価が上がっている ・レシピが特定されていない、または守られていない ・標準原価が守られていない	メニュー改善 レシピ／標準 原価見直し （商品別原価率）
		仮説3．ロスが多い ・食材の廃棄ロスが多い ・従業員のまかない、飲食 ・店舗での値引き	理論粗利と 実粗利の比較 実粗利／理論 粗利 ロス率

理論粗利：販売価格－標準原価
実粗利：売上高－仕入高

上高総利益率、人件費を例にした。いずれも指標に影響を与える経営課題は何か、という視点で考えてほしい。これが製造業だった場合は、売上高総利益率に影響を与える原価に含まれる経営活動は、「仕入れ（材料費）」「製造をする人件費（労務費）」「その他経費（外注費等）」である。

　2つ目の「業績推移」の比較についてだが、こちらは3〜5

図表4－7　競合他社分析（ベンチマーク）：分析の視点
　　　　　外食産業人件費率

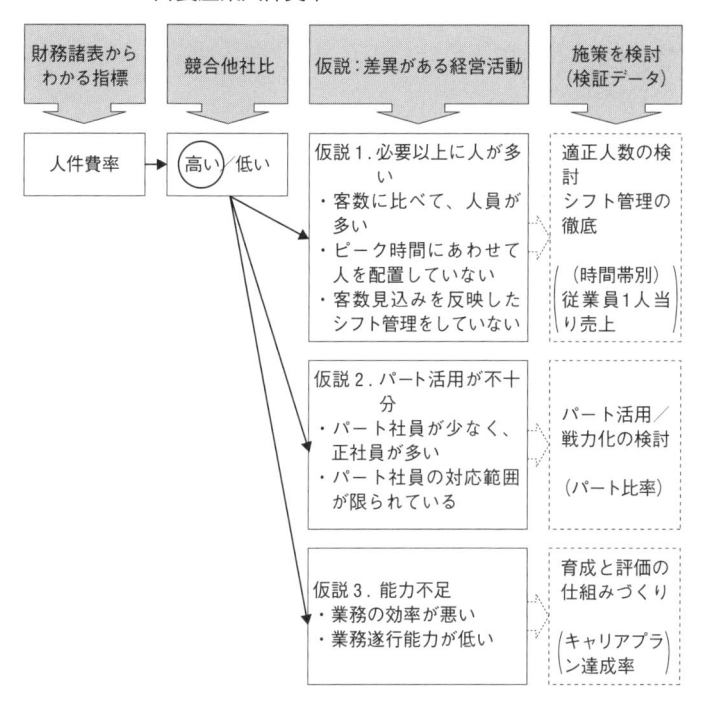

```
[財務諸表から      [競合他社比]    [仮説：差異がある経営活動]    [施策を検討
 わかる指標]                                                    （検証データ）]

 人件費率    →    高い/低い   →   仮説1．必要以上に人が多      適正人数の検討
                                  い                            シフト管理の
                                  ・客数に比べて、人員が        徹底
                                    多い
                                  ・ピーク時間にあわせて       （時間帯別）
                                    人を配置していない          従業員1人当
                                  ・客数見込みを反映した        り売上
                                    シフト管理をしていない

                                  仮説2．パート活用が不十
                                  分                            パート活用／
                                  ・パート社員が少なく、        戦力化の検討
                                    正社員が多い
                                  ・パート社員の対応範囲       （パート比率）
                                    が限られている

                                  仮説3．能力不足               育成と評価の
                                  ・業務の効率が悪い            仕組みづくり
                                  ・業務遂行能力が低い
                                                               （キャリアプラ
                                                                ン達成率）
```

年の数値を比較し、トレンドをみる。主に比較する項目としては「収益性」に関する部分である。「売上推移」「売上高総利益率推移」「売上高営業利益率推移」「原価率推移」「販管費率推移」である。収益とコストは裏返しであるが、正しく数値を確認し比較するという意味でも両方見比べるほうがよい。こちらのほうは単純に他社の指標の動きと違う動きをしていないか、同じ動きをしていても顧客企業だけ下がり幅が大きすぎないか

を確認するだけでよい。そこからみえる課題は大まかにいうと以下の3通りである。

① 他社と違う動きをしている（他社は増加傾向なのに顧客企業は減少傾向であるなど）

　　　⟶自社だけの要因。自社の企業努力が足りないのではないか。

② 他社と同じ動きをしているが、下がり幅が大きい

　　　⟶環境による影響を受けてはいるが、他社は企業努力をし、功を奏している。自社ももっと企業努力ができるのではないか。

③ 他社と同じ動きをしている

　　　⟶外部環境要因が影響している。

　部品メーカーや半導体メーカーのように最終製品の一部の部品を製造している企業は、最終製品の景気動向に左右されやすい。たとえば自動車部品メーカーは自動車業界の景気が悪いと必然的に業績が悪化しやすいため、その影響があるのかどうかを競合の業績から推定する、もしくは市場環境を調べる際に同時に最終製品の動向を調べていくとよい。

　そして競合の最後は直近1〜2年の取組施策についてであるが、これは海外進出状況、工場新設、新商品開発、リストラ施策などについて、顧客企業の参考になりそうな取組みがあるかどうかを新聞・雑誌検索やネット検索で調べてみよう。

　顧客（ここでいう顧客は「顧客企業」の顧客）に関しては主に定性データの収集が中心だ。BtoBのビジネスを展開していて

販売先の顧客が企業だった場合は、その企業を取り囲む市場規模推移について調べてもよい。ただ顧客の部分について調べる目的は、市場規模などの規模感というよりも「顧客のニーズや動向が今後どのような方向になりそうかを予測する」ことが目的となる。いうまでもないが、自社製品・サービスを購入する顧客は収益の源泉である。したがって顧客を理解するということは顧客企業にとって必要不可欠なことであり、将来の顧客企業のあり方を考えるうえでも非常に重要なことなのである。

顧客のニーズや動向を整理する際にはセグメントに分けることを意識しよう。セグメントとは「分類」である。顧客企業の製品・サービスを購入する顧客は、どのような属性で分類されるだろうか。BtoBであればわかりやすく業界で分類されるかもしれない。BtoCであればかつては性別、年齢、職業などが一般的ではあったが、いまはそのような属性よりもライフスタイルや行動パターン、嗜好によってセグメント化される場合もある。顧客のセグメントを考える際には上記のほかにも現在の顧客（既存顧客）と将来の顧客（新規顧客）の2種類がある。こちらの視点も忘れずに顧客動向について調べよう。

顧客の動向についてはBtoCの場合は、特に市場や競合データのように資料としてまとまっているケースは少ないので探すのがむずかしいかもしれない。業界によっては市場推移や動向が記載されている資料に顧客の動向があわせて定性的に書いてあるケースがある。そのほか業界団体のホームページ（HP）に統計データとしてある場合や、ポータルサイトで検索すると

関連する企業がアンケートデータを公開していたりする場合もあるので、そのような情報もあわせてみてみよう。ただしポータルサイトでヒットしたアンケート結果などは出典やアンケートの実施母体、実施時期を必ず確認し、データの信憑性に問題がないかを確認しよう。

4 将来を議論するための手法
—SWOT分析—

　顧客企業の内部環境を見直し、顧客企業を取り巻く環境を調べた後はそれらをまとめ、整理しよう。整理をする際に有効なのがSWOT分析である。SWOTとは S=強み（Strength）、W=弱み（Weakness）、O=機会（Opportunity）、T=脅威（Threat）である（図表4-8）。

　それぞれどのような内容が分類されるかというと、以下のとおりである。

　S＝強み→他社よりも高い水準で実行し、顧客満足の獲得に

図表4-8　SWOT分析

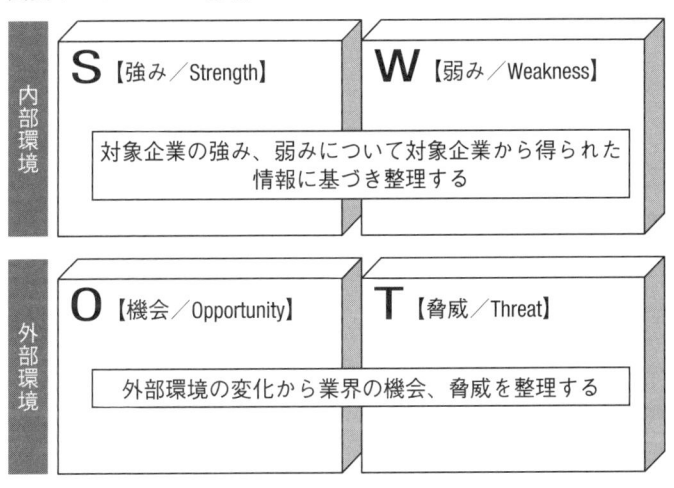

内部環境	S【強み／Strength】	W【弱み／Weakness】
	対象企業の強み、弱みについて対象企業から得られた情報に基づき整理する	
外部環境	O【機会／Opportunity】	T【脅威／Threat】
	外部環境の変化から業界の機会、脅威を整理する	

寄与している機能・活動や蓄積した経営資源など
W＝弱み→劣位の機能・活動や経営資源等の欠如など
O＝機会→売上拡大の機会、費用低減の機会、競合企業の撤
　　退など
T＝脅威→売上逸失の脅威、費用増大の脅威、競争激化など
　なぜSWOT分析が必要なのかというと、企業が中長期的な計画を立てるときに「強み」を活かし、「弱み」を補う施策を実施しながら成長すること、また外部環境もふまえて考えると「脅威」や「弱み」からリスクを考えること、そしてそのリスクをとるか否かを考えることが必要だからだ。そのためには顧客企業の「強み」「弱み」を押さえ、外部環境の「機会」と「脅威」は何かを押さえて経営者と話すことが大切となる。

　SWOT分析で「強み」「弱み」を考える際に留意していただきたい点がある。「強み」と「弱み」というのは論点設定と解釈次第のところがあるということだ。たとえば「店舗を多数保有している」という事実に対して「固定化されたコストが大きい」という解釈をすれば弱みになり、「顧客接点が多い」とすればそれは強みになるのである。

　また、強みと弱みは概して主観的になりやすい。いままで行ってきた情報収集から強み・弱みを考えるのだが、場合によってはそれでは判断がつかないことがある。その場合は顧客企業に直接聞くのも手であるが、その際に「それらは本当に強み（弱み）といえるのか」という視点を忘れないでもらいたい。「競合と比較して、本当に顧客企業がいっている強みは、強み

といえるのか」という客観的な視点をもって判断しよう。

　そして最後に「一般的な言葉にまどわされない」ことだ。「当社の強みは技術力であり、トップメーカーに評価されている」といわれたときに、ここでいう技術力が何を指すのか、そして本当に競合他社と比較して技術力が評価されているのかを確認しよう。受注の実績や顧客企業の顧客からの声として、強みが実際に現象として表れているかという点を確認するとよい。

　評価されているのは実は技術力ではなく、営業力だったりすることがある。もし本当に技術力であれば営業現場は苦労しない。確認するには複数の部門の人に「当社の強みは何か」と聞いてみるのもよいだろうし、営業部門に聞くのもよい。最前線で戦っている営業担当者は自社の強みが何かを日々痛感していることだろう。

　最後に「強み」「弱み」を考える際の具体的な着眼点を図表4−9に整理したので参考にしてもらいたい。

　まずは「コアの強み」を考える際の着眼点である。金融機関の営業担当者が考えると、どうしてもストック寄りの考え方が中心となって資金が潤沢であるとか、消費者の視点で「ブランドがある」といった漠然とした言葉が出てきやすい。しかし第1章5節でも述べたように企業の活動はほかにもたくさんある。それらについて「強み」を考え、想定してみよう。そしてそれらによって実績があがっているかも重要だ。

　次に②、③をみていただくと、キーワードは「継続的か否

図表4−9 「強み」「弱み」を考える際の主な着眼点

```
① 会社が認識している「コアの強み」は何か？
  ✓ 営業力、営業・顧客基盤
  ✓ 開発力、技術力
  ✓ 生産面（品質・コスト）
  ✓ 特許、ビジネスモデル、サービス、人材など
  → そして、「コアの強み」で「実績」はあがっているか？
② 経営管理力・組織力はどうか？
③ その事業を継続して行っていくうえでのリソースは十分か？
  ✓ 資金、人材・組織、ITインフラ、営業基盤、アライアンス、経営幹部・後継者など
④ コアでない部分に非効率さはないか？
  ✓ 物流、アフターサービス・メンテナンス、関連事業、管理系機能など
```

か」である。もちろん未来永劫強みが強みであり続けることはむずかしいが、少なくとも瞬間的なものではなく、ある程度継続的に強みを発揮できることも条件である。

最後に「コアではない部分の非効率さ」という視点で弱みを考えてみよう。もちろんコアの強みと書かれている内容は逆に弱みを考える際の着眼点にもなりえるので、①の「コア」の部分での弱みは何か、「非コア」な部分での強みは何かを考えてもよい。

第 5 章

【Step 3】
経営者と
話をするためのコツ

1 中期経営計画をベースに考えよう

　必要な情報が集まり、顧客企業の経営課題がみえてきたら経営者と話をする準備をしよう。その際に大事なことは「仮説をもつこと」と「経営課題を可視化すること」である。あらかじめ仮説をもち、可視化しなければただの断片的な情報のやりとりになってしまい、雑談の域を超えない。また相手のペースにのまれてしまい、結局何が聞きたかったのかがはっきりしないまま貴重な時間が過ぎてしまうかもしれない。そうならないためにも経営課題の仮説を可視化し、議論の場にもっていこう。

　経営課題とは将来の目指す姿を実現するために解決しなければならない課題であることは先に述べたとおりである。したがって経営者と話をするときにいちばん望ましいのは将来の目指す姿、すなわち中期経営計画をベースに話をすることである。書面・資料としての中期経営計画がなく、経営者の頭のなかにだけある場合はそれを聞き出すこと、経営者がじっくりと考えている暇がない場合は、ある程度大枠をあらかじめ想定しつつ、経営者にそれを会話で確認しながら具体化していくことが必要だ。

　顧客企業が中期経営計画を作成していない、経営者も具体的には検討していない場合にはどのように将来の目指す姿を想定していけばよいのだろうか。それは自ら中期経営計画に当たる

目標値、その根拠を作成してみることである。その将来の数値目標を設定するやり方をこの節で説明する。さらに2節では、その内容をベースに、集めた情報から想定した経営課題仮説を整理・可視化するフレームワークについて説明しよう。

まず将来の目指す姿の基本となる数値目標の立て方であるが、目標を立てるべき指標として、成長性と収益性を表す「売上」と「営業利益」の2つを例にする。収益性としては経常利益でもよいが、経常利益の場合、特別損失や特別利益が含まれてしまうため、純粋に事業収益を表す営業利益で設定したほうがわかりやすい。将来、すなわち3年後の売上目標と営業利益の目標の立て方にはいくつかの方法があるが、そのうちの代表的な考え方を説明する。

まず、売上成長率を使用した算出方法である。

＜売上目標の立て方（売上成長率を使用する方法）＞

① 過去5年の平均売上成長率を算出
② 外部環境（特に市場／競合）の状況をふまえて3年後の市場の成長、競合の脅威がどの程度顧客企業に影響を与えるかを考える

　　　⟶ 基本となる成長率

③ 顧客企業の企業努力・意思を加味し、さらに「目標」であるので、やや背伸びした売上成長率を乗せて数値を算出

上記のステップをもとに具体的な例を提示しよう。たとえばある部品メーカーで直近の売上が60億円ある顧客企業の過去5年の平均売上成長率は2.3％であり（①）、最終製品の市場の景

気が海外含め回復傾向にあることが予測されるため、3年後くらいまで市場は年間3～4％の成長が見込める状況である。ただし競合で技術力・営業力がある企業があるので、顧客企業が恩恵を受ける成長率は年間2％前後と予測される（②）。顧客企業は営業力強化と顧客基盤強化を中期計画で掲げており、テコ入れ施策を考えているため、その企業努力を加味すると年間3％程度の成長率を目標値とすることが妥当であると判断したため、3年後の売上目標は約65.5億円とする（③）。

　もうひとつの方法として、具体的な金額を上乗せして考える方法もある。

＜売上目標の立て方（売上金額を上乗せする方法）＞

① 各事業の市場動向、競合動向を確認する
② 現在の売上規模と販売状況（まだ販売する余地があるのか、現状の取組みで限界なのか）を確認し、①を考慮して上乗せする金額を決める

たとえばA事業は3年後に売上5億円UP、B事業は売上横ばい、C事業は2億円UPというやり方だ。このやり方は複数事業を展開していて、新規事業や今後力を入れていきたい事業があり、3年後には2億円の売上規模を目指したい、というような、顧客企業にはっきりとした意思がある場合に適用する。売上成長率をわざわざ算出するよりも具体的な金額を設定するほうがやりやすいからである。

　ほかにも企業全体の売上目標を設定してから売上構成比を使って各事業の目標値を設定する、というようなやり方もある

が、どのやり方をするにしても重要なのは根拠となる内容を明確にし、そこを論点として経営者と話すことができるかどうかである。たとえば「A事業の3年後の売上5億円UPの根拠としては、現在香港に進出し自社製品を販売しているが、売上が伸び悩んでいるので何かテコ入れ施策をし、売上をさらに伸ばすことを想定しています。たとえば現在の販売方法を見直し、現地のもっと有力な小売企業と業務提携して販売は提携先に任せてはどうでしょうか」と話ができるかどうかである。そしてこのような内容こそが売上目標から仮説を立てるということなのである。

次に、営業利益の目標値の考え方である。

＜営業利益目標の立て方＞

① 過去5年の営業利益率を算出する
② 原価率、販管費率に対してどのくらい企業努力をするのかを考えて目標値を設定する
　　　⟶一般的には「過去5年の営業利益率の平均値」か「過去5年で最もよい時期の営業利益率を目標とする」のいずれかを使うケースが多い。

このときも売上のときと同様に目標値の根拠を考えよう。この場合は原価率をどう下げるか、もしくは販管費率をどう下げるかが根拠となる。

売上高、営業利益率の目標を考える際に忘れないでいただきたいのは、数値をつくることが目的ではなく、この数値と根拠をもとに経営者と議論をすることが目的であるということであ

る。したがって、あまり数値をつくること自体に時間をかけすぎないようにすることだ。将来のあるべき姿をじっくりと考えられていない経営者には、作成した目標値を会話のなかで提示してみて、売上や営業利益率に関する目標やその達成の必要性・展望についての共通認識をもち、その次に、事前に想定した数値の根拠となるストーリーを説明し、反応をみながら修正・追加していくかたちで将来の目指す姿（その裏返しとしての取り組むべき課題）を固めていこう。これが仮説をもって相手と議論をする、ということなのである。

　一方で、中期経営計画を作成している企業の場合はその数値の蓋然性を検証する必要がある。検証の仕方の全体像は図表５－１にあるとおりだ。

　計画の根拠が適切なのかどうか外部環境の状況をまず押さえ、そのうえで「売上計画の蓋然性の検証」「費用計画の検

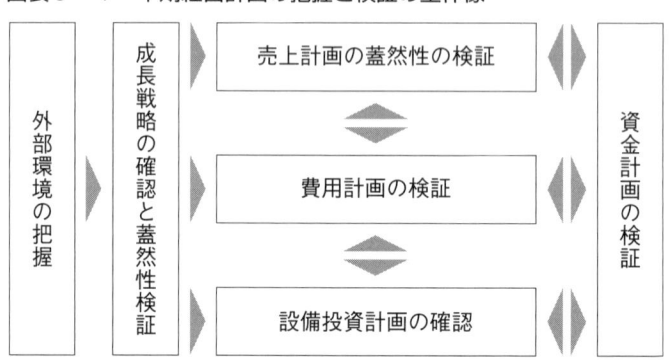

図表５－１　中期経営計画の把握と検証の全体像

外部環境の把握	成長戦略の確認と蓋然性検証	売上計画の蓋然性の検証	資金計画の検証
		費用計画の検証	
		設備投資計画の確認	

証」「設備投資計画の確認」「資金計画の検証」を行う。それぞれの大まかな内容としては以下のとおりである。

＜売上計画の蓋然性の検証＞

① 売上目標値は達成可能なものか。一定の裏付けがあるものか。
② 実行段階における進捗確認は適切に行われるようになっているか。
③ リスク要因はどこにあるか。

＜費用計画の検証＞

① コストの見通し、コスト削減施策が楽観的すぎないか。
② そもそも業績が芳しくなく、抜本的な経費削減施策が必要ではないか。

＜設備投資計画の確認＞

① 設備投資計画のリスク要因は何か。
② 経営計画との関連性があるか。

資金計画は各種計画の整合性を確認するだけではなく、経営計画と資金計画の突合せを通じて、「顧客企業が認識している経営計画上のリスク」を探っていくことが可能となる。資金計画は資金ショートを避ける目的で作成されるものであるので、概して保守的な計画として作成される。一方、経営計画は企業が目指す方向性を示し、目標に向かって組織構成員のモチベーションを高めていくために作成されるものであるので、概してチャレンジングな内容が盛り込まれて作成される。したがって、その2つの計画を突合・比較してみることで、顧客企業が

経営計画のどのあたりにどの程度のリスクを感じているか（計画における蓋然性が十分でないところはどこか）をある程度把握することができるのである。

　また、日々の情報収集ややりとりのなかから得られた疑問を随時確認していくことも重要である。中期経営計画における売上計画・費用計画・設備投資計画の検証のためのチェックポイントの詳細は巻末に整理しているので、ぜひ参考にしていただきたい。

2 経営者とコミュニケーションするためのツール

　情報収集と仮説検討を通じて想定した「対象企業が将来に向かって取り組むべき経営課題」を経営者と議論する際のポイントが、経営課題を可視化するツールを使って議論することである。ツールを使うことで双方間での経営課題の認識の共有化が進み、相談・コンタクトをより受けやすい状況づくりができるのである。またツールを使うことで、言葉にした内容で全体像がみえるため、効率的に議論をすることができる。ここでは2つのツール・フレームワークを紹介しよう。

　まずひとつ目は、収益構造展開である。

　収益構造展開とは顧客企業の中期の目標を構造展開し、戦略や経営課題を具体化したものである。図表5-2に電子部品メーカーを例にした収益構造展開を提示しているので参考にしていただきたい。

　まずいちばん上の枠に「ビジョン」「組織目標」を設定する。「ビジョン」は経営理念、社是・社訓、ミッション、目指す姿、社長メッセージなどに表されているものの総称とここではとらえていただくとよい。企業の将来の目指す姿を考える際にその企業が何を大事にしているのかを把握することは重要であるため、数値目標のさらに上位の目標として上記の「ビジョン」に相当することを把握し、そこから経営者との会話を始め

図表5－2　収益構造展開（例：電子部品メーカー）

ビジョン（経営理念・事業方針など）・組織目標（中期経営計画など）
ビジョン：常に変革をし続ける 組織目標：2013年度 売上高235.6億円、営業利益28.9億円（12.3％） 　　　　　⇒2016年度 売上高300億円、営業利益率20％

	カテゴリー	戦　略	戦略内容（具体的内容）
組織目標	成長性向上	・3年後の売上構成比を日本32％⇒25％、アジア46.3％⇒50％（中国強化）、欧州15.8％⇒15％、米国5.9％⇒10％ ・車載製品を軸にデジタル、OA／FA機器を強化する。	・新製品を開発し、販路拡大を目指す（特に米国、中国）。 ・デジタル、OA製品、また車載製品の技術進歩に対応した製品開発を強化する。
	収益性向上	・原価率 65.8％から60％に削減する。 ・販管費率も22％から20％に削減する。	・海外生産の強化による原価低減（工場の新規進出検討） ・各工場での原価の見直し、生産管理体制の強化 ・海外での物流コストの見直し ・海外工場別生産計画の見直し（最適な場所で最適な量の生産を行う）
	効率性向上	・在庫回転率の向上 ・グローバル管理コストの低減 ・資産の流動化	・生産計画、販売計画連携の強化 ・グローバル連結経営管理の強化

ていくことは有効である。

「組織目標」は顧客企業の中期経営計画に設定されている、もしくは先ほどの手順で仮に想定した「売上」「営業利益」の数値目標である。この数値を下にある「成長性」「収益性」「効率性」の３つの観点で構造展開するのである。簡単にいえば「成長性」はいかにして売上高を増加させるかの方策や課題、「収益性」はいかにして利益額、利益率を高めるかの方策や課題、「効率性」はヒト・モノ・カネへの投下資本の回収と資産効率をどのようにして上げるかの方策や課題について、それぞれ記載する。

「成長性」の着眼点としては、既存製品・サービスに関して既存の市場でどう拡販していくか、新市場に参入していくか、新規製品・サービスを増やすか、新市場に参入するかということをまず考え「戦略」の部分に記載する。この部分で具体的な数値目標を設定できればよい。できる限り具体的に記載したほうが経営者もイメージがもちやすく、議論が具体的になるからだ。中期経営計画において、事業別に売上高目標を想定した場合はここに記載しよう。そしてその後「戦略内容」に、実現するために解決しなければならない取組課題について記載する。電子部品メーカーの例では製品開発が必須の取組課題になっている。

次に「収益性」であるが、原価率や販管費率をどのくらい下げるのかを「戦略」に記載し、「戦略内容」にはその具体的な方策や重点実施項目について記載しよう。たとえば電子部品

メーカーの例でいうと、販管費率の目標値を設定した後、具体的には海外での物流コストの見直しが戦略内容になる。

最後に「効率性」であるが、ここでは主に経営資源の効率性について記載するのでB／S関連（有利子負債圧縮や在庫回転率向上など）や人材効率などについて記載する。

「成長性」「収益性」「効率性」いずれにおいても、第3章でみた「顧客企業の内部環境の整理」や、第4章でみた「顧客企業を取り巻く経営環境の整理」を行った際に浮き彫りになった経営課題が、将来の目標を達成するために取り組むべき課題であるのであれば、それぞれ該当する項目の「戦略内容」の部分に記載しよう。

経営者と議論をするときには、ここに提示している収益構造展開のフレームワークをそのままもっていっても十分議論ができる。図表5－3には、「成長性」「収益性」「効率性」それぞれの主な着眼点について整理しており、さらに巻末には収益構造展開を完成させるためのヒアリングポイントや質問例を掲載しているのでぜひ参考にしていただきたい。

収益構造展開を作成する目的は経営者と議論をすることなので、どこに何を書くかに神経質になることはない。特に「効率性」に関しては、たとえば在庫回転率や人材効率（人件費削減）などは収益性に入れることもできるので、該当する項目が特になければ「成長性」と「収益性」だけで整理してもよい。

次に2つ目のツール・フレームワークは、「アンゾフのマト

図表5-3　収益構造展開の着眼点

成長性の向上	→	・既存製品・サービスの拡販 ・新製品・サービスの投入 ・既存品による新市場の開拓 　―国内 or 海外、新規チャネル、新規顧客層 ・新製品による新市場の開拓 ・新規事業への参入 　―買収、資本提携、自社多角化　ほか
「既存の売上や新規の売上をどのようにして伸ばしていくか」		

収益性の向上	→	・販売単価の向上 　―付加価値向上、取引条件改善 ・値引率・リベートの低減 ・製造原価の低減 　―材料費低減 　―加工費低減 　（労務費・経費の低減、稼働率上昇、製造技術革新、新規設備、海外生産） ・製造開発コスト低減 ・仕入れコスト低減 ・販売費・管理費低減 　―営業コスト、研究開発費、本社間接費、物流費低減　ほか
「営業利益段階などで利益額・率をどのように上げるか」		

効率性の向上	→	・キャッシュフロー ・在庫回転率 ・債権回転率 ・設備稼働率 ・労働効率／労働生産性 ・不良資産削減　ほか
「ヒト・モノ・カネへの投下資本の回収と資産効率をどのようにして上げるか」		

リクス」である。収益構造展開が、全社的な数値目標を達成するために取り組むべき経営課題を可視化し議論をするのに最も便利なツール・フレームワークだとすれば、そのなかでも成長戦略を中心に話をしたい場合はこの「アンゾフのマトリクス」が適している。

図表5-4にあるように、アンゾフのマトリクスとは成長戦略を「市場軸」と「製品軸」に分類し、それぞれを「新規」と「既存」に分け4象限のマトリクスにしたものである。この4象限から企業の成長戦略のオプション（選択肢）を整理して考えることを目的としたツール・フレームワークである。

図表5-4　アンゾフのマトリクス

		市　場	
		既　存	新　規
製品	既存	①市場浸透戦略 （顧客からの支持、競合との差別化状況など）	②新市場開拓戦略 （新たな市場・顧客へのアプローチ方法、顧客や市場の要求に合っているか？　など）
	新規	③新製品開発戦略 （顧客の受入意向、企業の体制・人材・ノウハウなど）	④多角化 （既存の経営資源を活かせるか、顧客や市場の要求に合っているか？）

① 既存製品×既存市場：市場浸透戦略

　既存市場におけるシェア拡大・顧客拡大や、既存顧客のロイヤルカスタマー化である。他社との競争に勝ち、顧客の購入頻度を増やしたり、販売ボリュームを増やしたりすること。顧客からの支持の状況、競合との差別化がどのくらい図れているのかが重要。

② 既存製品×新規市場：新市場開拓戦略

　既存の製品を新しい市場へ出していくことである。新市場は2種類あり、ひとつは物理的に新しい市場（海外市場等）であり、もうひとつはターゲット顧客を変えることである。新たな顧客へのアプローチ方法や新市場の要求に合うものができるのかが重要。

③ 新規製品×既存市場：新製品開発戦略

　新しい製品を既存の顧客へ販売すること。新機能を追加したり、主製品の付属製品を販売したりすることだが、ターゲットは既存顧客である。既存顧客の受入意向や顧客企業の体制・人材・ノウハウなどがどの程度あるのかが重要。

④ 新規製品×新規市場：多角化戦略

　製品、市場ともにいままでとは関連のない分野に進出すること。最もリスクの高い成長戦略である。既存の経営資源を活かせるか、顧客や市場の要求に合っているかが重要。

顧客企業の事業において今後も見込まれる、ないしは顧客企業の経営者が新規市場や新規事業への取組みを含めて事業を成長させていくという意思が強い場合に、このツールを使うこと

が有効となるケースが多い。様々な使い方があるが、議論をする前にあらかじめ考えられるオプションを考え、それを会話のやりとりのなかで確認してみる方法、中期経営計画がある場合は計画のなかで謳われている成長戦略の各施策を4象限に整理し、その内容の確認を行ったり、もしくは中期経営計画に含まれていない象限について疑問を投げかけるというような議論をしてもよい。

　また、このアンゾフのマトリクスを使って成長戦略を考え、収益構造展開の「成長性」に記載するという使い方でもよいだろう。このフレームワークをどのように使うにしても、また使用する・しないにかかわらず、成長戦略を考えるときに重要なのは、SWOT分析で顧客企業の強みを明らかにすることや市場における付加価値が何かということをきちんと把握することである。成長戦略を考える際には、強みを活かした成長戦略が描けるかどうかから検討していくのが常道である。

3 Yes／Noではなく、課題を掘り下げる

　ここまでで経営者と議論をする材料は、おおむねそろったといえるだろう。いよいよ経営者と将来の目指す姿や取組課題について議論をする段階であるが、その際に気を付ける点がいくつかある。

　まずひとつ目は、議論の目的は「顧客企業が目指す姿や向かうべき方向性の共有」と「経営課題仮説の共有とそれに対する顧客企業の認識や取組状況の確認」であるということを強く意識することである。経営者との議論で重要なのは経営者の現状認識や価値観、何に優先順位を置いているのかを知ることなのである。したがって事前に想定した経営課題仮説に対して、合っている・間違っていると「Yes／No」を聞くことが目的ではない。

　若手の営業担当者に、経営課題仮説を経営者に説明・共有した際のことを聞くと、「これは課題ではないようです」や「これはすでに取り組んでいるようです」というようなやりとりに終始し、自分が考えた仮説の答え合わせのようなことをして終わっている場合がよくある。もう一度いうが、経営者との議論は将来の方向性の確認と課題の深掘りをすることであり、経営者と悩みを共有すること、さらにいえば金融機関が支援できる・すべきポイントがないかどうかを探ることなのである。

「すでに取り組んでいる」といわれたり、はぐらかされたりした場合でも、根気よく具体的な取組みがイメージできるまで話を聞くようにしよう。意外に進捗状況がうまくいっていなかったり、どう取り組んだらよいか考えあぐねている場合があったりするものだ。経営課題は顧客企業の弱みでもあるので、簡単に話してくれる人ばかりではないことをまずは心に留めておこう。

　また、経営課題をテーマとした面談・議論が顧客企業の経営者にとってメリットがあるということを、最初に伝えることが重要である。相手にしてみればただでさえ忙しいなかで時間を割いて、質問ばかりされている印象をもつかもしれない。金融機関の営業担当者が資金繰り以外の経営に踏み込んだ議論をする目的がよくわからない、と思う経営者もいるかもしれない。そうならないためにも最初に以下の3つの点について説明しておこう。

① 「お客さまとの関係を強化したいと考えている」
② 「その骨子としてはお客さまをより深く理解し、経営課題を共有させていただいたうえで、解決のためのご提案を繰り返すことで、お客さまの企業価値向上に貢献することである。したがってお客さまにとってもメリットのある取組みである」
③ 「その第一歩がこのセッションであり、われわれの理解の足りないところ、間違っていることがあれば、ぜひお聞かせいただきたい（という姿勢で説明をする）」

さらに事前に考えていた経営課題仮説を説明するときに、決して「〜するべきである」というような説明の仕方ではなく、「中期経営計画を達成するために取り組むべき経営課題の仮説を〇〇と想定しました」とあくまでも限られた情報のなかで考えた経営課題仮説であるということ、それについてどう思われるかをお聞きしたい、という姿勢で臨もう。そのときに注意していただきたいのは「クレクレ質問」をしないということである。「クレクレ質問」とは「海外事業の展開が課題とありますが、どのようなことでしょうか？」というように、仮説や質問の意図ももたずにただ単に「〜はどういうことですか」と聞くことであり、聞いた後「そうですか」と何の示唆も自らの考えも返さないことである。経営者は貴重な時間を割いて話をしてくれているのであるから、事前に自分の頭できちんと考え、その内容を話すことで相手の経営者も何か新しい情報を得るなど「話してよかった」と思えるようなやりとりができるよう心がけよう。

　また、より具体的に話していただくためには質問の「粒度」に注意するとよいだろう。「粒度」とは「細かさ」である。質問というのは不思議なもので、質問内容の粒度にあわせた答えが返ってくるものだ。漠然と聞いた質問には漠然とした答えしか返ってこない。たとえば以下の質問をみていただきたい。工場の生産性を経営課題仮説にした場合であるが、以下の2つの質問では返ってくる答えは格段に変わってくるだろう。

(質問の粒度が粗い場合)

「工場の生産性はどうですか？」

↓

(質問の粒度が細かい場合)

「中期経営計画で売上を○○億円にするとなると工場で生産する量も変わってきます。現状どのくらいの生産性でしょうか。また将来売上を××億円にまで拡大した場合に現在の工場で対応可能でしょうか」

質問をするときには「質問するに至った背景」「質問の意図」「聞きたいポイント」を明確にしておこう。最初の質問の仕方では、現在の生産性について質問しているように聞こえるうえに、なぜ聞きたいのかよくわからない質問になってしまっている。このようにならないためにも事前に自分の質問を整理して深掘りしておこう。

そして最後に経営者と議論をする内容の優先順位を決めておこう。これはビジネスミーティングにおいて共通の注意点であるが、時間オーバーになって重要な点が議論できなかったとならないように、あらかじめ議論したい内容と所要時間、議論のゴールの大まかなイメージをもつことが重要である。これは担当企業を多くもっている営業担当者は特に準備をしておくことが必要だろう。1度の訪問を効率的に行うことができれば、同じ企業に何度も足を運ぶ必要がなくなるからだ。議論のゴールとは、各回の面談や議論において、どこまで話を引き出せればよしとするのかである。事前に想定する経営課題仮説は大なり

図表5-5 経営者との面談プランニングシート

面談相手先	目 的	達成したいゴール
代表取締役社長、常務管理本部長	3年後のあるべき姿の共有 経営層の現状課題認識と優先度の確認	・経営ビジョンを理解する ・3年後の数値目標（売上・利益）の聞き取り ・取り組むべき課題の項目レベル整理と優先順位の確認

	確認したい事項 議論したい事項	時間配分	ポイント（論点・情報収集のポイント・伝えたいメッセージ）	実施結果
1	HPに記載されている経営ビジョンについて	5分	このビジョンにした背景（課題認識や夢）、具体的な成功イメージ（どのようになったらビジョンが達成できたといえるのか）	
2	3年後のあるべき姿の具体化	10分	事業ごとの数値目標（できれば年度ごと）、またその数値目標を達成した場合の事業の状況、やるべきこと 目標達成にあたってのリスク（認識）を質問してみる	
3	現状の経営課題認識	30分	収益構造展開を説明し、率直な感想を聞く。 ・もれているものはないか ・課題解決のためにいま取り組んでいることは何か、苦労していることはどんなことか。 他社との業績比較を示し、収益力強化が喫緊の課題ではないかという仮説を議論する。	
4	アライアンス検討の重要性	5分	市場の成長と他社の積極的なM&Aの状況を伝え、いま動かないと「負け組」になる可能性があるという危機感で合意する。	
5	次回アポの取得	5分	経営課題リストを手交、次回アポと宿題をもらう。	
6	（予備時間）	5分		

小なりたくさん出てくるので、それをすべて議論したのでは時間が足りない。想定される面談時間のなかで、何をどのように議論するかのプランを立てておこう。図表5－5にサンプルとして面談時間60分を想定した面談プランニングシートを掲載しているのでぜひ参考にしていただきたい。

第6章

経営課題と提供ソリューション

1 経営課題の全体像

　顧客企業の将来のあるべき姿を議論し、経営課題を明らかにした後は、いよいよその経営課題を解決するためのソリューションについて、そのなかでも特に金融機関が支援できることについて、経営者と話をするときである。具体的なソリューションの話に入る前にまず図表6-1をみていただきたい。このチャートは第3章からいままで説明してきた内容を整理したものである。経営者と、将来のあるべき姿とそれを実現するために取り組まなければならない経営課題について議論するためのステップを、いま一度整理する。

① 顧客企業の内部環境について整理する（第3章）
　　→顧客企業の事業別、地域別などで収益性をとらえ、商流図を整理し、財務諸表からコスト構造について整理すること。
② 顧客企業を取り囲む経営環境について、市場・競合・顧客の視点で整理する（第4章）
　　→現在の市場、競合、顧客の状況から、中期の顧客企業の業績にどのようなインパクトを与えるかを予測すること。
③ 内部環境、外部環境の整理した内容から収益構造展開を行う（第5章）

→まずは中期経営計画となる中期の「売上」「営業利益（率）」の目標値を設定し、それを実現するために取り組むべき経営課題を「成長性」「収益性」「効率性」の観点から整理すること。

　「成長性」に分類される経営課題は、企業の売上拡大をするために取り組むべき課題である。アンゾフのマトリクスの部分で説明したように、成長戦略を製品軸・市場軸でそれぞれ「新規」「既存」に分けて整理すると考えやすい。たとえば販売先業種の増加やチャネルの拡大などが、ここでの経営課題となる。

　「収益性」では営業利益にインパクトを与える「原価」「販管費」に分け、それぞれでどのような取組課題があるかを整理する。たとえば原価でいえば仕入原価の削減、販管費であれば物流費を削減するための共同物流の開始などである。

　そして最後の「効率性」は主にB／S面での課題であるため、運転資金・在庫、資産・負債といった観点での経営課題の整理となる。そしていちばん下にあるのはそれらに共通した課題である組織や人材などのリソース面・経営インフラ面についての経営課題であり、たとえば人材教育、人材採用、経営管理の強化、情報システム化などである。

　以上が顧客企業の内部環境、外部環境を整理し、将来の目指す姿を考えたときの取り組むべき経営課題の全体像である。

図表6-1　経営課題の整理

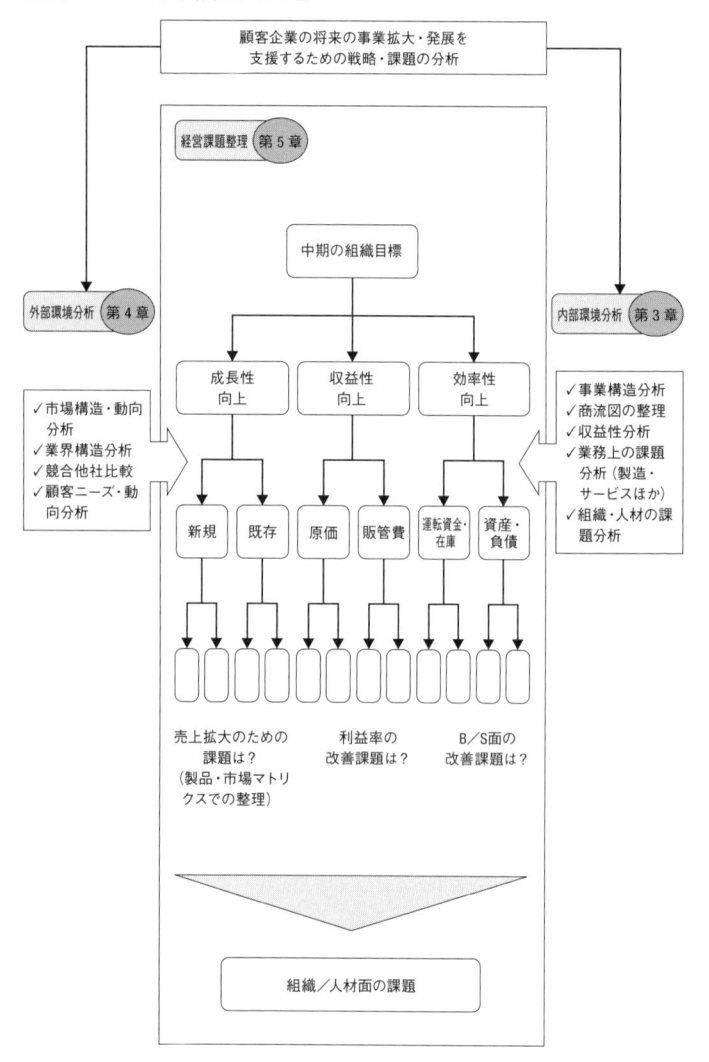

```
┌─────────────────────────────────────────────┐
│   顧客企業の将来の事業拡大・発展を          │
│   支援するための戦略・課題の分析            │
└─────────────────────────────────────────────┘
         │                              │
         ▼                              ▼
┌─────────────────────────────────────────────┐
│  経営課題整理 第5章                         │
│                                             │
│            ┌──────────────┐                 │
│            │ 中期の組織目標 │                 │
│            └──────────────┘                 │
│                   │                         │
│       ┌───────────┼───────────┐             │
│       ▼           ▼           ▼             │
│    ┌─────┐    ┌─────┐    ┌─────┐            │
│    │成長性│    │収益性│    │効率性│            │
│    │向上 │    │向上 │    │向上 │            │
│    └─────┘    └─────┘    └─────┘            │
│     │  │      │   │      │    │             │
│     ▼  ▼      ▼   ▼      ▼    ▼             │
│   ┌──┐┌──┐ ┌──┐┌──┐  ┌────┐┌────┐          │
│   │新規││既存││原価││販管費││運転資金│┌資産・│          │
│   │  ││  ││  ││    ││・在庫 ││負債 │          │
│   └──┘└──┘└──┘└──┘  └────┘└────┘          │
│                                             │
│   売上拡大のための  利益率の    B/S面の     │
│   課題は？          改善課題は？ 改善課題は？│
│   (製品・市場マトリ                         │
│    クスでの整理）                           │
│                                             │
│              ▽                              │
│       ┌──────────────┐                      │
│       │ 組織／人材面の課題 │                  │
│       └──────────────┘                      │
└─────────────────────────────────────────────┘
```

外部環境分析 第4章
- ✓市場構造・動向分析
- ✓業界構造分析
- ✓競合他社比較
- ✓顧客ニーズ・動向分析

内部環境分析 第3章
- ✓事業構造分析
- ✓商流図の整理
- ✓収益性分析
- ✓業務上の課題分析（製造・サービスほか）
- ✓組織・人材の課題分析

2 それぞれの経営課題に対する提供ソリューション

　では、それぞれの経営課題にどのような提供ソリューションがあるのだろうか。図表6－2をみていただきたい。このチャートは、図表6－1で整理した経営課題に対して金融機関が支援できる具体的な内容を加筆したものである。

　「成長性」にある売上拡大に関する経営課題について金融機関が提供できるソリューションとしては、業務あっせん（ビジネスマッチングや取引先紹介）が中心となるだろう。業務あっせんは大きく3種類ある。顧客企業にとっての販売先の紹介（売上拡大を目的とした販売先の増加）、仕入先の紹介（調達先の多様化やコストダウン）、そして協力会社の紹介（事業体制の強化や新たな事業展開の推進）である。

　そして、ここでポイントとなってくるのが第3章で整理した商流図である。いままで業務あっせんを行うときに、どのように行ってきただろうか。顧客企業の販売先である企業の業種における適当な規模の企業リストを作成してみせているだけ、もしくは顧客企業からの要望を聞き、それに該当する企業のリストアップを行うのみという方もいるのではないだろうか。しかし第3章、第4章で説明したような視点で顧客企業を分析しているのであれば、そのようなやり方で業務あっせんを行うのは非常にもったいないことである。

図表6-2　提供ソリューション

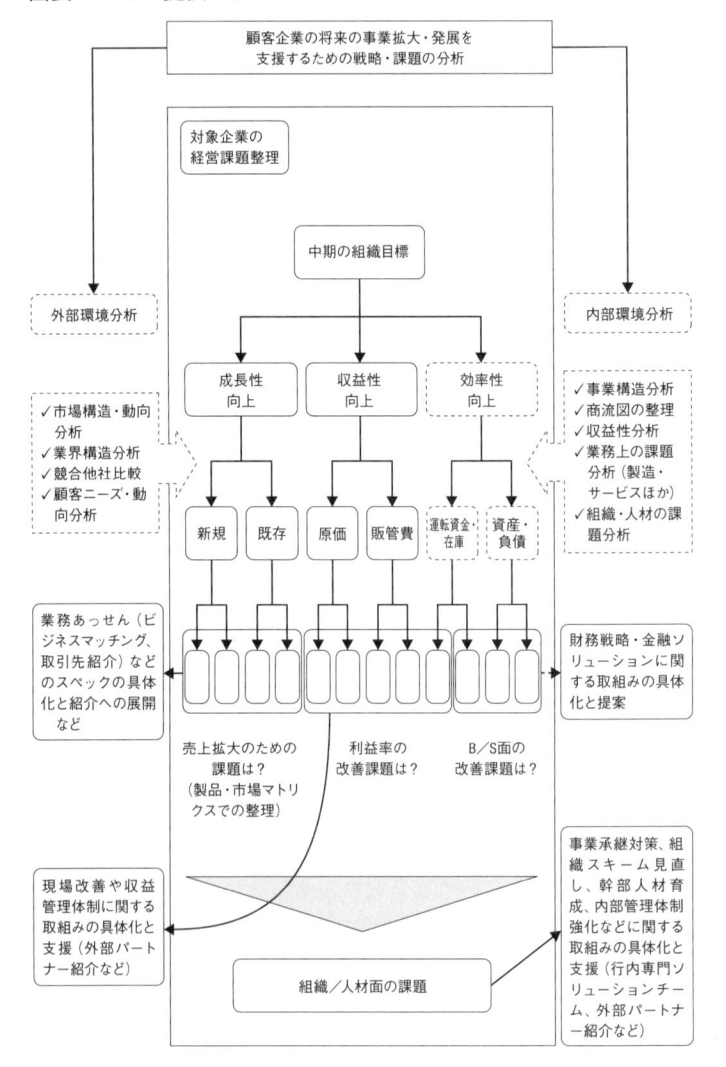

```
┌─────────────────────────────────────────────┐
│   顧客企業の将来の事業拡大・発展を           │
│   支援するための戦略・課題の分析             │
└─────────────────────────────────────────────┘
```

対象企業の経営課題整理

中期の組織目標

- 成長性向上
- 収益性向上
- 効率性向上

外部環境分析
- ✓市場構造・動向分析
- ✓業界構造分析
- ✓競合他社比較
- ✓顧客ニーズ・動向分析

内部環境分析
- ✓事業構造分析
- ✓商流図の整理
- ✓収益性分析
- ✓業務上の課題分析（製造・サービスほか）
- ✓組織・人材の課題分析

成長性向上：新規／既存
収益性向上：原価／販管費
効率性向上：運転資金・在庫／資産・負債

売上拡大のための課題は？（製品・市場マトリクスでの整理）
利益率の改善課題は？
B/S面の改善課題は？

業務あっせん（ビジネスマッチング、取引先紹介）などのスペックの具体化と紹介への展開など

財務戦略・金融ソリューションに関する取組みの具体化と提案

現場改善や収益管理体制に関する取組みの具体化と支援（外部パートナー紹介など）

組織／人材面の課題

事業承継対策、組織スキーム見直し、幹部人材育成、内部管理体制強化などに関する取組みの具体化と支援（行内専門ソリューションチーム、外部パートナー紹介など）

まずは、将来どのような売上拡大をねらっているかという事業戦略・販売戦略を押さえたうえで商流図を確認する。そして、どのような企業を紹介することが最も販売拡大に寄与するであろうかや、必要となるビジネスパートナー（協力会社）はどのような企業であるか考えるのである。さらに売上拡大をする際に現在の顧客企業の弱みを補てんする必要がないかどうか、それは業務あっせんで解決されるかどうかを考えたうえであっせん先リストを作成し、提示するのだ。このような視点で進めることこそ付加価値のある業務あっせんといえるのである。相手が期待しているであろうこと以上のことを行う、これが相手との信頼関係を築くうえで重要なことだ。

　次に、「収益性」に関係するソリューションであるが、収益性では原価率や販管費率の改善に関するソリューションになる。企業活動でのコストは製造コスト（材料費、労務費、外注費、加工費）や販管費に分類される製品開発コスト、物流コスト、営業コストなどである。これらに対するソリューションは、金融機関が直接サービスを提供するというよりは外部専門会社を紹介することが多くなるであろう。コスト削減や生産効率の向上・原価管理などのサービスを行っているので、外部のコンサルティング会社などと提携しているのであれば、そこを紹介することを金融機関の本部組織などと連携しながら検討しよう。

　「効率性」に関するソリューションは、まさに金融機関のソリューションが適用される。有利子負債の圧縮、運転資金の支

援など、必要に応じたサービスを紹介しよう。

最後は、「成長性」「収益性」「効率性」に共通している人的資源や経営インフラに関する経営課題である。人材面に関しては、特に中堅・中小企業においては共通の課題であることは先に述べたとおりである。ここに分類される経営課題の例としては、「営業担当者のトレーニング」「次世代経営幹部の育成」「グローバル人材の育成」など人材育成関連、「(販売力・開発力強化のための) 業務提携」「M&A」「情報システムの構築」などの経営インフラ面の強化、「内部統制の強化」「経営管理体制の強化」など社内の仕組みの強化も入ってくる。事業承継などもテーマとなる。これらの経営課題に対する提供ソリューションとしては、金融機関内の専門ソリューションチーム、外部専門会社の紹介（教育研修会社・コンサルティング会社等）など経営課題の内容と金融機関内外のネットワークを活用して提供できるサービスを確認したうえで提案しよう。

営業担当者にとっては、ここが稼ぎどころであるために力が入るとは思うが、注意しなければならないのは、顧客企業にとっては何をするにも費用・投資が必要になるということである。経営課題の優先順位（緊急性と重要性）、顧客企業の業績状況などが金融機関の提案するソリューションを受け入れるか否かの判断になる。したがって提案するタイミングが非常に大切だということと、提案に至るまでの顧客企業と金融機関ならびに営業担当者との信頼関係が大事だということである。

繰り返しになるが、ソリューションの提案を急がずにまずは

経営者の悩みは何か、顧客企業の経営課題とその優先順位はどうか、どうすればもっとよくなるかを真剣に考え、信頼関係を構築することが優先である。そのうえでソリューション提案を行うのであるが、一度断られても再度タイミングをみながら提案することもありえるということを心しておこう。

　また、金融機関にとって顧客企業の経営者と信頼関係が構築されたといえる具体的な現象・場面としては「数ある取引金融機関のなかから最初に重要な相談を持ちかけていただけること」ではないだろうか。著者が行っている金融機関の営業担当者向けの研修プログラムで、「社長から直接電話がかかってくるようになりました」「会社の状況から自らの金融機関のサービスを利用していただくまでには至らなかったですが、社長との個人取引が始まりました」というケースは多い。経営課題を共有し、社長の悩みを聞きながらソリューションを提供するという一連の流れを通して、直接的に取引が増えなかったとしても、そこで信頼関係が構築されれば、何か経営課題が顕在化した場合に真っ先に相談の連絡が営業担当者に直接舞い込むというようなことが起こる可能性があるのだ。ぜひともそのような関係になることを目指していただきたい。

第7章

日常業務のなかで実践するためのコツ

1 担当先の優先順位の付け方

　経営者と、将来の目指す姿とそれを実現するために取り組むべき経営課題の話をするために、ここまで事前に準備をしなければならないのかと思われた方も多いと思う。現実的には担当している企業が数十社あり、かつ、ほかにも稟議・審査などの対応のための実務作業があるなか、顧客企業の経営課題を想定するための一連の作業を行うことがままならない環境にいる方がほとんどではないだろうか。そのようななかで、実践的かつ効果的に本書で述べている取組みを行うための、「担当企業の優先順位の付け方」と「経営課題仮説を効率的に作成する方法」を説明する。

　実際は担当しているすべての企業に対して今回の取組みを行うわけではなく、より効果が出やすい企業、労力に見合った効果がある企業の選び方がある。ひとつは、金融機関にとっての「重要性が高い顧客企業」に対して行うこと、そしてもうひとつは、これらの取組みの「効果が表れやすい顧客企業」に対して行うことである。

　重要性の観点からいえば、まずはいうまでもなく「重点取引先」として部店（支店）で常日頃注目しているが、取引の深耕が思ったように図れていない顧客企業である。このような企業はまず最優先にリストアップされるべきだろう。

「効果が表れやすい」の観点からのリストアップとしては、以下を参考にしていただけるとよい。

① 取引地位
② 企業の業績状況
③ 業界・業種・外部環境の視点
④ 企業規模

まず取引地位である。本書で述べている取組みは経営課題を把握し、経営者の悩みを共有することでより深い信頼関係を構築することができるので、取引地位がメイン、それも単独メインの地位である顧客企業よりも、準メインや並行メイン地位である状態、もしくは付合取引である顧客企業に対して行うほうが効果の表れ方の度合いは大きくなる傾向がある。準メインや並行メインはあと一歩でメイン行になれるという状態であるため他の金融機関から一歩抜きんでる存在になること、取引地位が付合である場合にはその他大勢だったところから注目してもらう、目をかけてもらう存在となることを本取組みで目指すことが可能である。

企業の業績状況に関しては、「会社全体の売上が右肩上がりの企業」もしくは「複数の事業を展開しており、主要事業の売上が横ばいもしくはやや減少傾向の企業」に対して取り組むことが有効であるケースが多い。まず会社全体の売上が右肩上がりの企業は、勢いがあり、社長も将来に向けて様々な計画を前向きに考えられていることが多いため、将来の目指す姿や取り組むべき経営課題について議論が闊達になる可能性が高い。さ

らに経営課題に対して提案するソリューションも前向きに検討するだろう。したがって成長期にある顧客企業は、最も取り組みやすい顧客企業の属性のひとつであるといえる。

次に複数の事業を展開しており、主要事業の売上が横ばい、もしくはやや減少傾向の企業が適しているのは、経営者が危機感を抱いている場合が多いからだ。やや減少というのは1〜2％程度、多くても3％程度の減少が目安である。それ以上であると制約条件も増えるため、ソリューションの提案に対する経営者の判断も即効性や費用対効果の観点でかなり慎重な姿勢になってしまうだろう。収益の基盤となっている主力事業の売上が減少し始めた段階であれば、危機感と前向きさが共存しているため、経営課題に対して手を打つ必要性を感じ、前向きに検討・判断する可能性が高い。

次に業界・業種・外部環境の視点についてだが、これは市場が拡大傾向にあり、新しいプレイヤーの参入もあり、競合の動き（製品開発や海外進出などの動き）も激しい業界である場合に有効であるケースが多い。つまり市場自体が成長期にある業界のケースだ。プレイヤーもシェアも固定化しており、大して売上拡大も望めないような成熟期の市場の場合は経営課題に対する取組みの費用対効果があまり望めないため、経営者も前向きにならないケースが多いだろう。

企業規模に関しては、総じていえるのは企業規模や財務体力が相応にある顧客企業のほうが有効であるケースが多い。企業規模が小さい場合は、経営課題の解決に向けて何らかの取組み

をするにも資金面や企業体力面で制約が出る可能性があるからである。もちろん、これはあくまでも取組みにかかる労力とその効果という面からの視点であり、企業規模が小さな企業に対しても経営者と経営課題を共有する営業アプローチの重要性が落ちるものではない。

　本書で述べているアプローチが適していない顧客企業の典型としては、「業界のプレイヤーもシェアも固定化しており、顧客企業も安定した取引先が確保されており（したがって業績も安定的）、社長も保守的な企業」があげられる。このような顧客企業は特に新たな取組みをしなくても収益は確保されており、逆に何か取組みをしても投資対効果が高くないからである。

　以上が担当している多数の顧客企業から本取組みの対象企業を選ぶ際の主なポイントの例だが、優先順位としては、まずは重点取引先であるか否か、その次に①〜④の順でリストアップするとよいだろう。また、顧客企業の経営者が「金融機関に何を期待しているのか」という視点も考慮に入れておいたほうがよい。金融機関には資金繰りに関することのみを期待しており、ほかのテーマについて会話・討議することや、経営について話をすることを望ましくないと考える経営者もなかにはいる。そのような場合は、時間をかけて経営課題仮説を作成しても議論をする時間を割いていただけない、または窓口である財務担当者の方がよい顔をしない場合が多くなるからだ。日常での取引先とのやりとりを通じて、顧客企業の経営者が金融機関

とどのような関係性を望んでいるかを把握していくことができると、営業アプローチを考えるうえでの参考になる。

　本書で述べている取組みの目的・ねらいは、顧客企業の将来の目指す姿と経営課題について、経営者と会話をし、共有することではある。しかしながら忘れないでいただきたいのは、日頃窓口となっていただいている財務・経理の担当者や、それらの部門の管理職や担当役員に、趣旨や顧客企業にとってのメリットなどについて最初にしっかりと説明をしておくことである。場合によっては窓口の方に先に経営課題について話をし、意見をもらったほうがよいケースがあるかもしれない。顧客企業によっては金融機関の営業担当者に対応するのは財務・経理の担当役員と決まっている場合もある。きちんと段取りをふまえ、本来の目的である経営者との面談と議論がスムーズにいくように留意・配慮することも大切である。

2 日常業務のなかで経営課題仮説を作成するには

　第3章～第5章の内容は、顧客企業のことを把握し、考えるうえではどれも必要な情報収集・分析である。しかし実際にこの取組みを行う場合、とてもすべての情報収集や分析を行うことはむずかしいと思われる方も多いだろう。

　まず、これらの作業は一度にすべてを行う必要はないということを頭に置いてほしい。日常の取引で顧客企業を往訪するなかで何回かに分けて少しずつ情報を収集し、徐々に顧客企業の理解と経営課題の想定を進めていき、しかるべきタイミングで会話・議論をする、というやり方が現実的だろう。

　必要な情報が入手できる適切な相手を選び、面談を重ねよう。図表7－1は顧客から情報収集をしておいたほうがよいと思われる情報と一般的な入手先の例を整理したものである（金融機関の通常の営業活動のなかで収集していると思われる決算書などの財務関連情報は除く）。情報入手のライトパーソン（適任者）や適した部門・部署は、各社により異なるため、あくまでも参考程度としていただきたい。また、効果的かつ効率的に情報収集を進めるためには、「情報提供することによって、何らかのメリットがある」ことを認識していただく必要がある。情報提供をお願いするにあたっては「何のために使うのか（＝お客さまの経営にとって価値のある提案をさせていただくため）」を説明

図表7－1　情報収集先一覧

大項目	情　　報	経理部門担当者	経理部門責任者	管理部門担当役員	経営層	他部門
事業構成	事業別の業績推移（売上・利益率）とその要因（聞き取り）		△	○		経営企画
事業構成	今後注力していきたい事業		△	△	○	経企
事業構成	商品・サービスの付加価値・営業局面での差別化ポイント		△			営業
事業構成	商流について（仕入先・外注先・販売先との関係の特徴や制約条件など）		△	○		経営企画・営業
市場分析	効率的に情報収集のできるソース（業界紙など）	△	○			経営企画
市場分析	海外市場について		△	△	○	経企
競合／顧客分析	競合情報（会社名や業績数値などあれば）		△			経企・営業
競合／顧客分析	業界として重要な非財務指標項目		△			経営企画
競合／顧客分析	他社との差異が生じる理由（仮説）		△			経企・営業
競合／顧客分析	顧客の嗜好・動向（B to B および B to C）		△	△		経企・営業
SWOT分析	「強み」「弱み」についての社内認識		△	○	○	経営企画
SWOT分析	想定しているビジネスチャンスとリスク		△	○		経営企画
SWOT分析	現在取り組んでいる重点施策や戦略と進捗（成果）		△	○		経営企画
その他	ビジョンや中期経営計画（もしくはそれに準ずるもの）		△	○		経営企画
その他	有価証券報告書・決算短信	○	○			
その他	原価・販売管理費明細（経年比較）	○	○			
その他	今期業績予測（着地見込みと計画対比）と差異要因		△	△	○	経営企画
その他	経営陣の価値観（よく使うキーワードなど）		△	○	○	経営企画

（注）○：一般的に適任であるケースが多い対象者
　　　△：適任である可能性のある対象者
　　　○がない項目は他部門からの情報収集が適しているケースが多いもの

し、趣旨を理解していただくことが重要だ。

　以下、第3章～第5章で述べた内容を日常業務のなかで無理なく効率的に進めるうえでのポイントを整理する。実際の情報収集や経営課題想定を進める際の参考にしていただきたい。

　まず顧客企業の内部環境を整理する場合だが、第3章であげたのは以下の3つである。

① 事業構造を確認する

② 商流を確認する

③ 財務諸表を確認する

　内部環境を把握することは、経営者と話をするうえでの基本情報になるので、大変ではあるが①～③はいずれもぜひ押さえておいていただきたい。①に関しては第3章で掲載した図表3-2を参考にこの図を埋めるイメージで情報収集をしていただければよいだろう。将来どの事業に注力したいと考えているか、という質問以外は窓口となっている管理部門の担当役員と話をすることでおおむね確認できることが多いので、日頃の面談時を利用して情報を収集するとよい。

　顧客企業を取り巻く経営環境については市場・競合・顧客の3つの観点から情報収集し、分析することを第4章で説明した。いずれの点も大事なポイントではあるが、優先順位としてはまず市場動向について押さえることである。顧客企業がどのような市場で戦っているのか、また今後どのような動きが予測されるのかというところは最も把握するべきポイントである。

　定量的なデータで市場の規模感やトレンドを押さえることが

重要である点はすでに述べたとおりであるが、もしどうしてもそのなかでも優先順位を付けるのであれば、市場動向の定性情報をまず把握することだ。その際に、その市場での主要プレイヤーの動きも一緒に把握しておこう。主要プレイヤーが顧客企業にとって直接的な競合にならなかったとしても、主要プレイヤーの動きはその市場で戦っているその他のプレイヤーに影響を与えるからである。経営者と話をするときに、市場動向や主要プレイヤーの動きに対して顧客企業がどのような対応をしていこうとしているのかを確認することは、非常に重要な質問である。

　一方、顧客企業にとっての競合と顧客の情報収集に関しては、企業規模が小さい企業ほど情報が集まりにくい。集まりにくい情報を一生懸命探すのは効率が悪いだろう。そのような場合は、まず顧客企業の競合に当たるのはどこであるのかを確認し、そのうえで金融機関内の情報資源を活用してみる。それでも情報がうまく集まらなければ、さらに顧客企業から競合や顧客の状況について聞き出しながら議論を進める方法をとるのが現実的であろう。

　収益構造展開も一度に作成しなくてもよいし、いくつか空欄があってもよいだろう。もちろんある程度かたちにしてからでないと戦略や経営課題の仮説をぶつけることはできないが、情報がないまま自分の頭でのみ考えて、収益構造展開を作成することはむずかしい。アウトプットの品質は、インプットの量と質に比例する。ここでいうインプットは外部情報からのインプ

ットと顧客企業からヒアリングする内容の2つであるが、将来の目指す姿、顧客企業が何をしようとしているかということは、顧客企業に聞かなければならない。経営者に面談する前に、窓口である財務担当者等を通じてある程度情報収集をしたうえで収益構造展開を作成し、最終的に経営者に説明・討議するというステップを踏もう。

3 新規取引先への応用

　ここまでは既存の取引先である顧客企業の経営者とやりとりするときにはどうしたらよいかという観点で説明してきたが、実は本書で述べている情報収集と分析は新規の取引先にアプローチする際にも効果的である。新規先に対してはどのような話をしたらよいのかわからない、新規先の企業のことは情報が少ないためよくわからないなかで、金融機関が提供しているサービスに興味をもってもらうにはどうしたらよいか、と考えあぐねている営業担当者も多いことだろう。

　しかしながら、ある程度の情報をもとに、概略の仮説や想定でもよいので、新規先の企業の経営課題についての認識を説明していくと、一方的に金融機関のサービスの話をするよりも格段に話が進みやすくなる。これは新規先の企業にとっても自社の話になるので話しやすく、金融機関の営業担当者は顧客企業目線であることをアピールでき、さらに新規先企業から新たな情報を得ることにもつながるため、次の訪問機会につなげやすくなるという点で、逆に営業機会をより多く生むアプローチなのである。ただ既存の顧客企業と比較して情報量が格段に少ないため、進め方には少し工夫が必要である。

　まず上場企業と非上場企業でも収集できる情報は異なる。上場企業の場合はIR資料とホームページ（以下HP）を中心に情

報収集を行おう。そこである程度内部環境について想定・整理することができるだろう。有価証券報告書は担当している企業の場合と比較して少し細かめにみなければならない。第2章でみるべき項目としてあげたのは以下の①〜③であるが、新規先に関してはさらに④〜⑥を確認することが必要だ。

① 企業の概要（主要な経営指標の推移／沿革／事業の内容／事業の系統図）
② 事業の概要（業績等の概要／対処すべき課題）
③ 財務諸表
④ 生産・受注・販売の状況（経理の状況が掲載されている項目のなかの財務諸表の後ろのページにあるセグメント情報）
　　→事業別構成比の目安になる。
⑤ 設備の状況
　　→工場や倉庫などの所有状況を確認することで原価率、販管費率に関連する経営課題仮説を立てる際の参考になる（HPに掲載されている場合もある）。
⑥ 主な資産および負債の内容（経理の状況が掲載されている項目のなかの財務諸表の後ろのページ）
　　→売掛金の相手先をみることで主要販売先が確認できる。

これらを確認することで事業内容、大まかな事業構成比、財務状況、商流図もある程度整理することは可能だ。

ただし新規先企業を取り囲む外部環境について、特に競合に関しては事前に情報を収集するのはむずかしい可能性がある。

その場合は市場の動向を中心に調べよう。顧客に関してはB to Cであればある程度予測がつく場合がある。B to Bの場合は、上記⑥の確認で明らかになる場合もあるが、わからない場合は想定される販売先業界について調べよう。

　このようにして基本的なデータを収集した後に、収益構造展開を作成することになる。まず3年後の組織目標を想定し、その後それを実現するための取組施策を考えるという順番になるが、IR資料のなかに中期経営計画である3年後の目標数値が記載されているのであれば、その数値を利用しよう。もしも数値が公開されておらず、根拠をもって3年後の目標値を作成することがむずかしければ無理に作成する必要はない。無理矢理作成することで当該企業が想定している計画数値から乖離してしまうと、逆に印象が悪くなってしまう場合もあるからだ。その場合は組織目標を面談時にヒアリングすることとして、その下にある「成長性」「収益性」「効率性」に該当する戦略、戦略内容（具体的な施策）を作成し、議論するようにしよう。

　しかしながら、一度も訪問したことがない企業の経営課題仮説を考えるのはむずかしいだろう。その場合は担当している企業で同じ業界の企業があればその企業の経営課題を、なければ近い業界の経営課題を考えてみて、それを参考にすればいい。または『業種別審査事典』も参考になる場合があるので、一度目を通しておこう。

　収益構造展開の想定内容が多少ずれていたとしても、それほど心配することはない。今回の目的は議論のベースとなる資料

を作成することであり、必ずしも正しい収益構造展開を作成して提示することではないからだ。新規先の企業の経営者（もしくは財務担当者）も初めて来た営業担当者が考えた経営課題が、たとえ外れている部分があったとしても悪い印象をもつことは少ないだろう。それよりも経営課題を自分なりに事前に考えて議論をしに来た、ということのほうが印象に残るはずである。訪問時にはきちんと「金融機関としてお役に立ちたいと思っている」ということを最初に話し、誠意をもって議論をすることで、きわめて好印象を与えることができるであろう。

　新規先企業が非上場企業である場合は、事前にその企業について調べるのはかなりむずかしい。企業の情報はHPかネット検索で調べるにしても、大まかな事業内容くらいしか情報は得られないかもしれない。したがって事前に調べるのは新規先企業を取り巻く経営環境が中心になる。それでも市場動向、主要プレイヤー情報程度で、競合企業や顧客のこともわからないケースがあるかもしれない。

　そのような場合、仮に該当する業界が『業種別審査事典』にあるのであればそれを調べ、さらに自分が担当している企業のなかで近い業界の企業をピックアップし、日頃の営業活動で得た内容を参考にしながら作成するしかない。その場合は話をするときには「公開されている情報が少なかったので、あくまで一般論として整理をしてみたのですが……」というような前置きをしながらその新規先企業の情報を収集しつつ、経営課題のヒアリングや議論を進めるとよい。

このようなケースでは、一度の面談では十分に情報収集や経営課題の共有ができないかもしれない。その場合は次回の面談の約束をし、その際に初回の面談時に収集した情報をふまえてあらためて経営課題を整理しておもちする、というステップを踏もう。
　いずれにしても、新規先の企業に対しては逆にチャンスがあるということである。できる範囲で情報を収集し、自分が担当している企業の経営課題を参考に収益構造展開をつくってみよう。とにかく仮説をもち、そして議論をすること、議論を通して新規先である企業の情報収集をすることを念頭に置き、一度にうまくいかなくても何度か訪問して議論を深めていくのでもよいのだ、というつもりで営業活動をすることである。

巻末付録

1 中期経営計画のチェックポイント

売上計画の検証

> **金融機関としての蓋然性検証のポイント**
> - 売上の目標値は達成可能なものか。一定の裏付けがあるものか
> - 実行段階における進捗確認が適切に行われるようになっているか
> - リスク要因はどこにあるか　など

業種や事業形態によって、検証の視点は様々であるが、おおむね下記の視点から確認・検証していく。

① 売上計画の構造展開の具体性……「市場・顧客軸(含むチャネル)」「事業・製品群軸」など
② 数値目標の設定方法……過年度実績、根拠、外部環境認識の確認、設定プロセス、など
③ 目標達成のための方法……ギャップを埋めるための施策・アクションプラン
④ リソースとのバランス……主要なものとして投資計画(製造・販売他)、人員計画、など
⑤ 実行管理体制……目標の進捗管理の仕組みとその運用。タイムリーな対応がとれているか
⑥ その他……他の計画要素とのバランス(在庫計画・資金計画)など

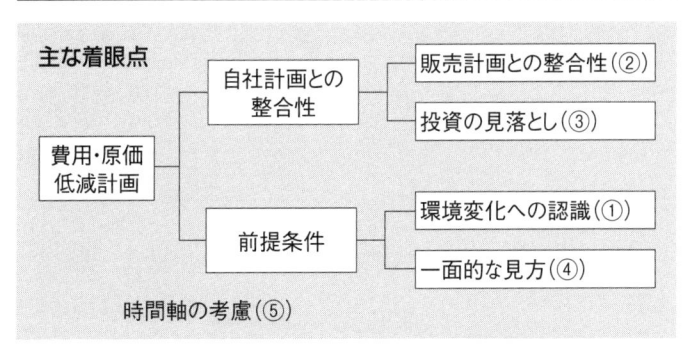

費用計画の検証　－楽観的すぎるパターン－

主な着眼点

```
費用・原価         ┌ 自社計画との ┬ 販売計画との整合性（②）
低減計画 ─────┤   整合性   └ 投資の見落とし（③）
              └ 前提条件    ┬ 環境変化への認識（①）
                            └ 一面的な見方（④）
```

時間軸の考慮（⑤）

主要パターン	典型例
① 事業環境の変化を考慮していない	➤ 市況による原料費の値上りを見落としている ➤ 海外の労務費の上昇を見落としている
② 自社の販売計画と整合性がとれていない	➤ 市場・製品分野ごとの損益構造の違いを反映できていない
③ 売上を伸ばすために必要な投資的な費用が考慮されていない	➤ 規模拡大のための広告宣伝費や採用・教育コストの上昇を読み込めていない
④ 一面的な視点から、楽観的・都合のよいコストダウン計画を立てている	➤ 海外製造で原価は下がるが、輸送費が上がることを見落としている
⑤ 改善効果の時間軸が考慮されていない	➤ 計画はよく練られているが、実現スピードを安易に見積もっている

費用計画の検証　−さらなる低減余地を探る−

主要パターン	着眼点
① 明らかな無駄・使いすぎの費用はないか。	➢ 勘定科目別の絶対額の検証（推移、必要性の想定） ➢ 過去からの慣習・流れでの費用発生 ➢ 費用削減活動への取組み
② オペレーション・業務の効率化により、費用やコストの絶対額を下げる、もしくは効率を高めることはできないか。	➢ 主要業務領域の効率性などを示す指標は何か？ 　・原価領域（例） 　　✓ 原価率、粗利率、変動費率、固定費 　　✓ 稼働率、能率、不良率 　　✓ 在庫回転率 など 　・販売費・管理費領域（例） 　　✓ 物流費率、積載効率 　　✓ 営業人件費率・生産性、管理間接人件費率、固定費 　　✓ 債権回転率 ➢ 改善のため取組み・施策の有無と実行状況 　・徹底できているか？ 　・勝てる目標・取組みになっているか？ ➢ 経営計画・目標との整合性、現在の取組みで十分か？
③ 事業や業務の構造そのものを変えることでコストを劇的に下げるような手はないか。	➢ 事業体制を事業の規模・採算性にあわせて縮小する 　・事業採算面からの検証（採算が合う規模は？） 　・戦略面からの検討（選択と集中） ➢ 業務モデル（業務の流れ）を変えることで抜本的な低コスト化を図る 　・業務集約、アウトソーシング、システムの見直し 　・組織・部門の体制・担当機能の見直し 　・他社との連携 など

設備投資計画の確認 －リスク要因の把握－

2つのリスク要因を把握する

- 「設備投資計画に内在するリスク」
  - 「覆る可能性がある」前提（下図）
- 検証の手順・視点
  - A→B→Cの設備投資計画立案に至る
    「根拠」「ロジック」を確認する
  - 根拠・ロジックの背景にある「前提」を確認する
  - 以上についての金融機関としての判断

- 「設備投資計画の実施局面でのリスク」
  - 取引先企業に計画の実行能力が備わっているか。
  - 人材・組織体制・ノウハウ・目標の共有、方針の浸透、部門・組織（幹部）間の連携、問題発生時の対応力 など。
  → 日常のやりとりのなかでの把握が重要

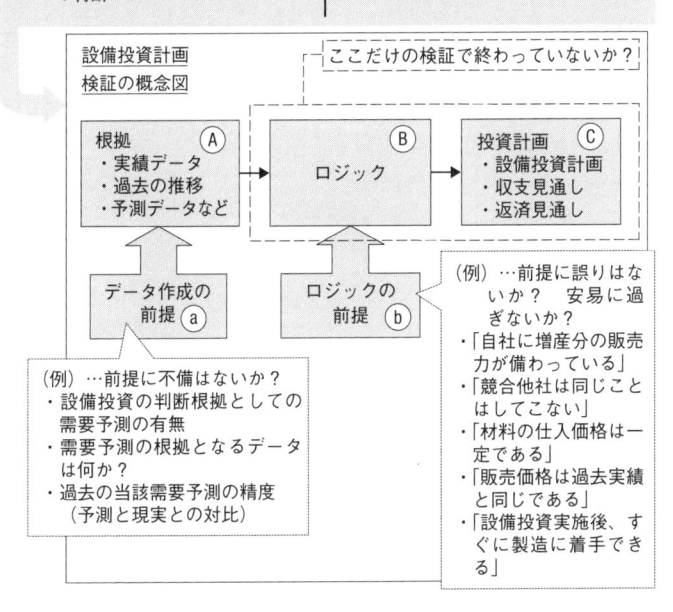

設備投資計画 検証の概念図

ここだけの検証で終わっていないか？

根拠 Ⓐ
- 実績データ
- 過去の推移
- 予測データなど

→ ロジック Ⓑ

→ 投資計画 Ⓒ
- 設備投資計画
- 収支見通し
- 返済見通し

データ作成の前提 ⓐ

ロジックの前提 ⓑ

（例）…前提に不備はないか？
- 設備投資の判断根拠としての需要予測の有無
- 需要予測の根拠となるデータは何か？
- 過去の当該需要予測の精度（予測と現実との対比）

（例）…前提に誤りはないか？ 安易に過ぎないか？
- 「自社に増産分の販売力が備わっている」
- 「競合他社は同じことはしてこない」
- 「材料の仕入価格は一定である」
- 「販売価格は過去実績と同じである」
- 「設備投資実施後、すぐに製造に着手できる」

設備投資計画の確認 ―経営計画との関連性―

2つの確認点

- 「設備投資の必要性」
  ―「設備投資ありき」になっていないか？
  - 既存設備の活用(改造)では実現できないか？（現在の操業度・稼働率等）
  - 投資金額は適正か、投資金額算定の根拠は？
  - 外注等の代替案は検討されたか？

- 「経営計画に与える影響」
  ―設備投資の結果、経営目標・経営計画は達成されるのか？
  - 投資後の費用面の検証（償却費以外の経常的費用含む）
  - 財務構造・資金計画への影響

経営計画と設備投資計画の関係

経営計画
- 貸借対照表
- 損益計算書
- 資金計画

①設備投資の必要性 　整合性　 ②設備投資が経営計画に与える影響

設備投資計画

2 顧客企業訪問時のヒアリングポイントと質問例集

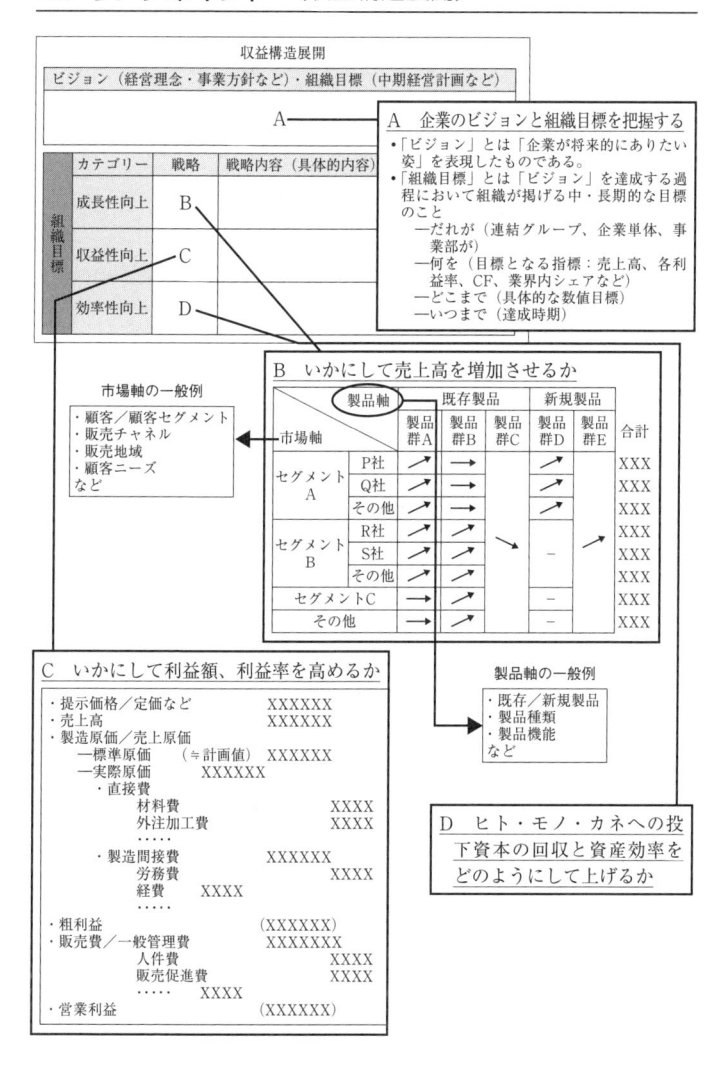

ヒアリングポイント （収益構造展開）

収益構造展開

ビジョン（経営理念・事業方針など）・組織目標（中期経営計画など）

A

A 企業のビジョンと組織目標を把握する
- 「ビジョン」とは「企業が将来的にありたい姿」を表現したものである。
- 「組織目標」とは「ビジョン」を達成する過程において組織が掲げる中・長期的な目標のこと
  - だれが（連結グループ、企業単体、事業部が）
  - 何を（目標となる指標：売上高、各利益率、CF、業界内シェアなど）
  - どこまで（具体的な数値目標）
  - いつまで（達成時期）

組織目標	カテゴリー	戦略	戦略内容（具体的内容）
	成長性向上	B	
	収益性向上	C	
	効率性向上	D	

市場軸の一般例
- 顧客／顧客セグメント
- 販売チャネル
- 販売地域
- 顧客ニーズ

など

B いかにして売上高を増加させるか

市場軸＼製品軸	既存製品			新規製品		合計
	製品群A	製品群B	製品群C	製品群D	製品群E	
セグメントA　P社	↗	→			↗	XXX
セグメントA　Q社	↗	→				XXX
セグメントA　その他	↗				↗	XXX
セグメントB　R社	↗					XXX
セグメントB　S社				↘		XXX
セグメントB　その他	→				−	XXX
セグメントC		↗			−	XXX
その他	→	↗				XXX

製品軸の一般例
- 既存／新規製品
- 製品種類
- 製品機能

など

C いかにして利益額、利益率を高めるか

- 提示価格／定価など　　　　　　　XXXXXX
- 売上高　　　　　　　　　　　　　XXXXXX
- 製造原価／売上原価
  - 標準原価　（≒計画値）　XXXXXX
  - 実際原価　　　　　　　XXXXXX
    - 直接費
      - 材料費　　　　　　　　XXXX
      - 外注加工費　　　　　　XXXX
      - ‥‥‥
    - 製造間接費　　　　　　　XXXXXX
      - 労務費　　　　　　　　XXXX
      - 経費　　XXXX
      - ‥‥‥
- 粗利益　　　　　　　　　　　　（XXXXXX）
- 販売費／一般管理費　　　　　　　XXXXXXX
  - 人件費　　　　　　　　　　　XXXX
  - 販売促進費　　　　　　　　　XXXX
  - 　　　XXXX
- 営業利益　　　　　　　　　　　（XXXXXX）

D ヒト・モノ・カネへの投下資本の回収と資産効率をどのようにして上げるか

巻末付録　135

質問例 （収益構造展開）

項　目	質問例
A　企業のビジョンと組織目標を把握する	・「企業理念（ビジョン、社是、社長メッセージ、コンセプト）は何ですか」 ・「組織目標は何ですか（だれが、何を、どこまで、いつまで）」
B　いかにして売上高を増加させるか	・「どのように売上高を増加させていきますか」 　―既存製品・サービスの拡販 　―新製品・サービスの投入 　―既存品による新市場の開拓（国内 or 海外、新規チャネル、新規顧客層） 　―新製品による新市場の開拓 　―新規事業への参入（買収、資本提携、自社多角化）
C　いかにして利益額、利益率を高めるか	・「どのように利益額と利益率を高めていきますか」 　―販売単価の向上（付加価値向上、取引条件改善） 　―値引率・リベートの低減 　―製造原価の低減（材料費低減、加工費低減、労務費・経費の低減、稼働率上昇、製造技術革新、新規設備、海外生産） 　―製造開発コスト低減 　―仕入れコスト低減 　―物流費低減 　―販売費・管理費低減（営業コスト、研究開発費、本社間接費） 　―営業外収益向上（配当、支払利息見直し）
D　ヒト・モノ・カネへの投下資本の回収と資産効率をどのようにして上げるか	・「どのように資産効率（各回転率）を上げますか」 ・「どのように生産性を高めますか」 　―キャッシュフロー 　―在庫回転率、債権回転率、設備稼働率 　―人員効率 　―不良資産圧縮

回答例
・「世の女性に美しくなって貰う事によって広く社会に寄与する事こそわが社の理想であり目標であります」〜ワコールホームページ（HP）より ・「組織目標は連結グループで、〇年以内に売上高△億円、営業利益×億円にすることです」
・「国内の市場は飽和状態であることから売上は前年同額を目標とします。一方で〇国での販売を強化し前年比120％、トータルで売上△億円増を目指します」 ・「既存店舗は売上前年比×％マイナスにとどめ、新規店舗を□店舗出店することにより売上●円増加、全体で▲千万円の売上を達成します」
・「販売単価の引上げにより粗利率〇％改善を図ります」 ・「仕入れを本部一括仕入れに変更することにより原価率△％低減を図ります」 ・「人件費の見直しにより□百万円の低減を見込んでいます」 ・「有利子負債圧縮により金利負担×百万円の削減を計画しています」
・「棚卸資産の〇億円の圧縮により、在庫回転率を△％にします」 ・「遊休資産の売却により、有利子負債の×億円の圧縮を図ります」

ヒアリングポイント （店舗実地調査編）

事前チェック項目	重要度	チェック方法
店舗別損益状況	◎	顧客企業に資料提出をお願いし、確認する。
商圏情報	○	統計GIS（地理情報システム：選択した地域の年齢別人口や就業者数がわかる、インターネットで確認できる）
競合店舗情報	○	競合店舗の規模や自店からの距離、品ぞろえなどを事前にチェック（品ぞろえの比較は売れ筋商品（例：生鮮食品であればトマト）の品目の充実度によって比較することができる）

ヒアリング項目	確認項目
基礎事項	事業の理解・売上高達成の実現性・収益性向上の実現性・効率性向上の実現性
商圏規模	最寄り駅乗降客数、商圏人口、来店手段など
商圏状況	年齢構成・集客施設の有無など
競合状況	商圏内の競合状況
店前	店前歩行者通行量・車両通行量など
物件評価	駐車場・可視性・面積
商品・商品訴求	商品品ぞろえ・商品構成・価格競争力・価格訴求力・価値提案力
集客力	チラシの配布枚数、DM発送、Webなどによる広告の有無
売り場力	フロア構成や陳列、ディスプレー、POP（店内における広告）などによる売り場の工夫
接客力	挨拶、接客基本用語の徹底、商品知識など

実地調査後の目標レベル	「マーケットはどうなっているか、顧客ターゲットはだれか、どのように競合店舗に勝っていくのか」「そのために店舗では何が課題であるか」を顧客企業と共有している

ヒアリングのポイント
店舗運営の実態をチェックすることで、顧客企業の事業の理解、事業計画の実現の可能性を検証する
店舗の売上は「マーケットのなかでどれだけのシェアをとるか」で決定される。ここではマーケットの規模を確認する
商圏の特徴などを確認する
商圏内でのシェアに大きく影響する「周辺店舗の競合状況」を確認する
「店前の歩行者の通行量はどうか」「車両通行量はどうか」「店舗のターゲット層とマッチしているか」をみる
駐車場の台数、通行人からのみやすさ、入りやすさ、売り場面積等の店舗の評価を行う
並んでいる商品そのものの魅力や、魅力の訴求力についてはどうかを確認する
来店促進のための販促手段として何を、どのくらい使用しているかを確認する
売り場で商品を魅力的にみせるために、どのような工夫をしているのかを確認する
販売員の接客力を高めるために、どのような工夫をしているのかを確認する

質問例 (店舗実地調査編 基礎)

目 的	店舗運営の実態をチェックすることで、顧客企業の事業の理解、事業計画の実現の可能性を検証する

ヒアリング項目	確認項目	質問例
事業の理解	・取扱商品 ・ターゲット顧客 ・商品の仕入先 ・他社との違い ・自社内での位置づけ	・「販売している商品は何ですか」 ・「ターゲットとしている顧客層は?」 ・「商品の主な仕入先はどこですか」 ・「同業他社の店舗との違いは何ですか」 ・「当店舗の自社内での位置づけは? 標準的な店舗ですか」
売上高達成の実現性	・商圏の特徴 ・売上の推移 ・販売目標 ・売上の方程式(客数×単価) ・販促手段	・「当店の主な顧客層は」 ・「当店の過去3年間の売上推移は」 ・「当店の今年・来年の販売目標は」 ・「客数と客単価の推移は」 ・「販売目標達成のためには何を伸ばす必要がありますか」 ・「売上を上げるために、どのような販促を行っていますか」
収益性向上の実現性	・粗利率 ・付加価値 ・サービス ・顧客満足	・「当店の過去3年の粗利率推移は」 ・「今年・来年の粗利率の目標は」 ・「粗利率を高めるための付加価値やサービスは何ですか」 ・「顧客からのクレーム・要望はどのようなものが多いですか」
効率性向上の実現性	・在庫効率 ・人件費効率 ・運営コスト	・「在庫回転率はどれくらいですか? 廃棄ロスはどれくらいですか」 ・「人件費率はどれくらいですか」 ・「パート比率と活用は」 ・「店舗運営費のうち金額が大きいものは何ですか」

回答例	確認できること
・「薬ならびに日用雑貨全般です」 ・「当店は OL 層がメインターゲットです。郊外店は主婦がターゲットです」 ・「製薬メーカー・日用品メーカーなどです」 ・「○○の品ぞろえと販売員の商品知識です」 ・「OL 層ターゲットの一般的店舗／OL 層ターゲットの戦略実験店舗です」	・何を扱い、どのような顧客をターゲットとしているかがわかる ・商流がわかる ・何を差別化要因としようとしているかがわかる ・自社内での位置づけがわかる
・「当店の顧客層は独身者の方も多く、そのために個食パックを用意しています」 ・「前年対比微減（96‐98％）が続いています」 ・「客数は102％と増加していますが、客単価は98％です」 ・「チラシを毎週１万枚配布しており、固定客向けのポイントカード優待を３カ月に１回行っています」	・商圏内の顧客の特徴を理解しており、対応ができている ・業績の推移と今後の展望がわかる ・売上向上のための基本戦略と重要成功要因を把握する ・売上を上げるために顧客にあわせた販促を行っているかどうかがわかる
・「ほぼ横ばいが続いています」 ・「粗利率１％の改善が目標です」 ・「豊富な商品知識によるアドバイスと、顧客別の販売履歴・ニーズ把握です」 ・「価格と品ぞろえです」「商品比較に関する情報です」「特に把握していません」	・利益率の推移と今後の展望がわかる ・利益率・付加価値向上の基本戦略と重要成功要因を把握する ・顧客の潜在・顕在のニーズと、それに対しての当社の対応状況がわかる
・「○回／年です」「年間△百万円です」 ・「□％です、若干予算オーバーになる傾向があります」 ・「店舗マネジャーの判断でシフトの調整をしています」 ・「広告宣伝費と賃借料です」	・在庫管理や人件費管理における改善余地がわかる。同業他社との比較による優劣も把握可能 ・利益率を改善するための改善対象とその可能性を把握する

ヒアリングポイント　（工場実地調査編）

事前チェック項目	重要度	チェック方法
工場生産品目	◎	カタログや会社案内、ホームページで確認する。消費財の場合は販売している店舗に出向いて、商品をみることも大事。
生産設備	○	高価で規模の大きい生産設備が必要か、組立てのように設備は高価ではないが人手がかかる生産か、会社案内やホームページなどで確認しておく。
工場の規模	○	工場の規模は建屋の大きさと働いている労働者の数でイメージする。設備投資の大きい工場の場合は広い建屋が必要だが、人数は少ない。組立て型の工場では、広い床面積と多くの労働者が必要になる。会社案内やホームページなどで確認しておく。

ヒアリング項目	確認項目
基礎事項	事業の理解・売上高達成の実現性・収益性向上の実現性・効率性向上の実現性
工場長方針とその徹底	生産性・品質・コスト・納期遵守・安全・モラル
５Ｓ（整理・整頓・清潔・清掃・躾）	整理・整頓・清潔・清掃・躾
３つの重要指標（稼働率・能率・歩留まり）	設備稼働率・能率・歩留まり（正常品の割合）
目でみる管理と小集団活動	方針管理 グラフ化など目でみる管理 QCサークルなど小集団活動とその発表

実地調査後の目標レベル	製造業では工場に競争力の源泉があり、そのレベルが高いか低いか、改善の余地が大きいか、改善する力が企業にあるか否かを判断する

ヒアリングのポイント
工場の実態をチェックすることで、顧客企業の事業の理解、事業計画の実現の可能性を検証する
生産性・品質・コスト・納期遵守・安全・モラルの各項目に対する方針が出されているか 方針は実行され、実績をあげているか
５Ｓが組織的に行われており、職場の規律が保たれているか 職場で確認しながら質問するとさらによい
コスト改善のもとになる、設備稼働率・能率・歩留まりのデータが収集され、収益改善活動と連動して目標が達成されているか
方針は生産職場に掲示され、グラフ化などによりわかりやすく表現され、情報が共有されているか 小集団活動が活発で、発表会には経営者が参画し継続的改善が行われているか 職場の掲示板などをみながら確認するとさらによい

質問例 (工場実地調査編 基礎)

目 的	工場の実態をチェックすることで、顧客企業の事業の理解、事業計画の実現の可能性を検証する

ヒアリング項目	確認項目	質問例
事業の理解	・製品そのもの ・原材料の仕入先 ・製品の納入先	・「この製品は何ですか」 ・「材料は何でできているんですか」 ・「主にどのようなお客さまに納入していますか」 ・「1つ生産するのにどれくらい時間がかかりますか」
売上高達成の実現性	・生産のキャパシティー ・稼働率 ・老朽化	・「現在の生産設備で、年商ベースでいくらまで対応できますか」 ・「稼働率はどれくらいですか」 ・「工場は拡張の余地はありますか」 ・「現在の機械は、何年前に導入されましたか」
収益性向上の実現性	・原材料費 ・3つの重要指標(設備稼働率、能率、歩留まり) ・自社での製造比率	・「材料費率の改善に対して、取り組むためには何ができますか」 ・「設備の稼働率はいくらですか」 ・「1人当りの生産効率を高めるためには何ができますか」 ・「歩留まり率は何%ですか」 ・「外注費はどのくらいあるのですか、なぜ外注しているのですか」
効率性向上の実現性	・生産効率 ・在庫効率	・「最新の機械と比べて生産能力は変わりますか」 ・「工場内の在庫は、1日の生産量の何倍ありますか」

回答例	確認できること
・「車のワイパーのゴムです」 ・「●●でできています。まず金型をつくり……」 ・「●●系列の車の本社工場に納入します」 ・「90分です」	・製品がどのようなもので、何に使われているのかがわかる ・商流がわかる
・「昨年度の売上高の1.2倍程度の生産能力があります」 ・「現在の設備稼働率は60％程度です」 ・「隣地は現在駐車場として活用しており、地主さんに交渉をすることは可能だと思われます」 ・「10年前に導入しました。耐久年数はあと2年です」	・今後の企業の事業計画に対し、現在の工場設備にて対応可能かどうか判断できる ・現在の設備では目標の生産が達成できない場合、増床や移転の可能性があるかどうか確認できる
・「不良率が多く、新しい機械を導入すれば改善できます」 ・「設備稼働率は60％程度です」 ・「熟練工が減り、若手が多くなったため、効率が悪くなっています」 ・「機械の精度が低く、歩留まり75％です」 ・「自社のラインのみでは、売上の80％までしか対応できません」	・製造原価報告書の各科目に関し、改善の余地があるかどうかを確認できる
・「最新のものでしたら、現在の1.5倍の生産能力があります」 ・「在庫は14日分を常にストックしています」	・工場の生産性や在庫の効率性向上のために何を改善すればいいかがわかる

ヒアリングポイント （物流拠点実地調査編）※工場内倉庫含む

事前チェック項目	重要度	チェック方法
基礎データ	◎	取扱品目やキャパシティーなどを確認しておく
生産設備	◎	商流のなかでどのような役割を果たしているのか、を確認しておく

ヒアリング項目	確認項目
基礎事項	事業の理解・売上高達成の実現性・収益性向上の実現性・効率性向上の実現性
基礎データ （倉庫機能）	倉庫保管商品
基礎データ （倉庫機能・能力）	倉庫キャパシティー・機能
顧客	取引先の内容
情報システム機能	情報システム・顧客への情報提供
社員の質	正社員比率・派遣社員定着率
物流 （積載効率・環境）	効率よく事業を行っているか
物流 （自社資源）	自社資源（トラック）がどのくらいか、困っていることは何か
物流 （走行ルート設定）	走行ルート設定など

実地調査後の目標レベル	・「モノ」を「キャッシュ」に換える過程であるロジスティクス上の重要ポイントを把握している ・在庫の多寡やモノの動き、物流オペレーション上のリスクと対処すべき課題について、顧客企業と共有している

ヒアリングのポイント
サプライチェーンを理解・確認することで、顧客企業の事業の理解、事業計画の実現の可能性を検証する
どのような商品を保管しているか、管理商品点数は何点なのか、といった基礎情報を明確にする
自社の資源を有効に活用できているのか 理論保管可能キャパシティーはどれぐらいか、それに対して現在どの程度の能率をあげているのか、社外倉庫を活用しているのか
取引が安定している顧客か、顧客はその他どのような倉庫会社・物流会社と取引をしているのか、今後の対処方針はどうか（事業環境に関するヒアリング）
情報システムを活用し業務効率化が図れているか また、ぽかよけ※の仕組みは整備されているか （※ぽかよけ……うっかりミスや不具合が起こっても作業者の安全や不良品の発生を防ぐ仕組み）
社員の「質」はどうなのか、高齢化、派遣社員問題に対して対処できるか（施策を考えているのか）
環境問題とあわせ、最適積載効率を追求しているか、また、できているか。物流業者においては今後大きな課題となる項目である
外部をどのくらい使っているのか、将来リスクに対応できるのか
「短い距離」を走るような仕組みは整備できているのか

質問例 （物流拠点実地調査編　基礎）※工場内倉庫含む

目　的	サプライチェーンを理解・確認することで、顧客企業の事業の理解、事業計画の実現の可能性を検証する

ヒアリング項目	確認項目	質問例
事業の理解	・モノ・情報の流れ（いつ、どこからどこへ） ・倉庫の機能（保管・物流加工） ・配送頻度・単位	・「この倉庫に保管されている製品（部品）は何ですか」 ・「納入元と納入先について教えてください」 ・「配送はどのくらいの頻度で行われていますか」 ・「必要な情報はだれからどのタイミングで伝えられますか」 ・「納入するための付随作業にはどんなものがありますか」
売上高達成の実現性	・保管・加工のキャパシティー ・稼働状況	・「保管スペースと保管可能な物量について教えてください」 ・「稼働率はどれくらいですか」 ・「現在の中期経営計画どおりに物量が増えた場合に対応は可能ですか」
収益性向上の実現性	・物流部門のコスト ・コストダウン余地	・「年間の物流費の総額と原価に占める割合を教えてください」 ・「コスト構成とその現状を教えてください」 ・「外注費はいくらですか。なぜ外注しているのですか」
効率性向上の実現性	・物流効率 ・不動在庫量 ・業務品質	・「トラックへの搭載効率はどのくらいですか」 ・「不動在庫はどのくらいありますか」 ・「作業ミスによる手戻りはありますか」

回答例	確認できること
・「自動車の動力部分に使う部品です。製品での保管が8割、半製品が2割程度です」 ・「国内自社工場3カ所、協力工場2カ所から納品が週2回、主な自動車メーカーの全国8工場に毎日納入します」 ・「月々の出荷予定はありますが、確定するのは前日の16時です」 ・「納入先別の仕分けとバーコードの貼付をしています」	・実際のモノと情報の動きと作業の概要がわかる ・当該施設のもつ付加価値（機能）がわかる ・対象企業の顧客が求める基本ニーズがわかる
・「12,000m²ありますが、そのうち6,000m²は3層の自動倉庫になっています」 ・「平均すると○トン、年末ピーク時でキャパの8割、通常期で6割程度の稼働率です」 ・「面積は問題ありませんが、物量が増えるとフォークリフトと人員の手配が必要になります」	・今後の企業の事業計画に対し、制約条件となりえるか、なるのであれば解決可能かどうか判断できる
・「年間26億円、原価のおよそ6％を占めます」 ・「運賃がおよそ12億円、ここでの人件費がおよそ8億円かかります。これ以上の削減はむずかしく、現状維持で精一杯という感じです」 ・「外注費は6億円ですが、もう10年も同じ業者を使っています。他業者とのコンペで低減余地はあるかもしれませんが、新たな業者を教育するのは大変です」	・製造原価報告書の各科目に関し、改善の余地があるかどうかを確認できる
・「10トン車に平均5.8トンです。搭載効率よりも、お客さまの納品時間を優先しています」 ・「○トンくらいでしょうか。全面積の5分の1くらいは3カ月以上動いていません」 ・「人の作業なので、仕分けミス、搭載ミスは月に100件程度あります。特便対応するので無駄なコストなんですけれど……」	・業務生産性や物流の効率性向上のために何を改善すればいいかがわかる

■監修者略歴■

大工舎　宏　Hiroshi Daikuya

アーサーアンダーセン ビジネスコンサルティング（現 プライスウォーターハウスクーパースコンサルタント）を経て、2001年に㈱アットストリームを共同設立。現在、同社共同経営者。専門は、事業戦略・事業構造改革ならびに各種経営管理制度の企画・推進、構造改革に伴う各種変革活動の実行・定着の支援など。公認会計士。

■著者略歴■

佐藤　史子　Fumiko Sato

トーマツコンサルティング（現 デロイトトーマツコンサルティング）、ベネッセコーポレーションを経て、㈱アットストリームに参画。専門は、企業実態把握やコンサルティング営業のための教育研修の企画・推進、その他事業戦略の立案、事業構造改革計画の立案および実行、業務プロセス変革の企画立案・実行支援など。

株式会社アットストリーム　@Stream Corporation

新たなスタイルのコンサルティングを実践すべく、アーサーアンダーセン ビジネスコンサルティングの西日本責任者およびマネジャーを中心に2001年7月に設立。「最もクライアントに信頼されるブティックコンサルティングファーム」を目指す。国内では東京・大阪・名古屋・広島に拠点を展開。米国カリフォルニア州に子会社を設立し、グローバル企業を対象としたサービスも展開。

URL　　：www.atstream.co.jp
問合せ先：info@atstream.co.jp

KINZAIバリュー叢書
ゼロからわかる コンサルティング営業のアプローチ

平成26年5月27日　第1刷発行

監修者　大工舎　宏
著　者　佐藤　史子
発行者　小田　　徹
印刷所　三松堂印刷株式会社

〒160-8520　東京都新宿区南元町19
発　行　所　一般社団法人 金融財政事情研究会
　　　編 集 部　TEL 03(3355)2251　FAX 03(3357)7416
販　　　売　株式会社きんざい
　　　販売受付　TEL 03(3358)2891　FAX 03(3358)0037
　　　　　　　URL http://www.kinzai.jp/

・本書の内容の一部あるいは全部を無断で複写・複製・転訳載すること、および磁気または光記録媒体、コンピュータネットワーク上等へ入力することは、法律で認められた場合を除き、著作者および出版社の権利の侵害となります。
・落丁・乱丁本はお取替えいたします。定価はカバーに表示してあります。

ISBN978-4-322-12556-6

KINZAI バリュー叢書　好評発売中

ゼロからわかる 新規融資・成長支援
●小林守［著］・四六判・164頁・定価（本体1,300円＋税）

融資業務のコンサルティング、教育研修プログラムを実施してきた著者が、法人（融資）営業力の強化を目指す金融機関のために、独自の新規融資・成長支援ノウハウをまとめた指南書。

ゼロからわかる 金融リスク管理
●森本祐司［著］・四六判・228頁・定価（本体1,400円＋税）

「リスクとは何か？」「管理とは何か？」リスク管理のイロハを、わかりやすくユーモラスに解説。絶対的な正解のないリスク管理を自分なりの考えで判断・実践するための心構えを紹介。

ゼロからわかる コンプライアンス
●宇佐美豊［著］・四六判・148頁・定価（本体1,200円＋税）

よくある事例を「個人情報漏えい・守秘義務」「コンプライアンス」「横領」の3分野に分類し、各事例を一目でわかる4コマンガ付きで解説。

ゼロからわかる 事業承継型M&A
●日本M&Aセンター［編著］・四六判・192頁・定価（本体1,300円＋税）

評価・案件化、買い手企業の探索、基本合意契約の締結、買収監査、最終契約に至るまで、M&A手続に関する留意点を解説。成功事例・失敗事例も原因分析とともに多数紹介。

ゼロからわかる 事業再生
●松嶋英機［編著］横山兼太郎［著］・四六判・232頁・定価（本体1,200円＋税）

「事業再生」と「倒産現象」の社会的・経済的理解と、倒産手続の鳥瞰図的理解を兼ね備えた、事業再生にかかわるすべての方に最初に読んでもらいたい1冊。

ゼロからわかる 損益と資金の見方
●都井清史［著］・四六判・180頁・定価（本体1,300円＋税）

損益と資金繰りの見方の基本を詳解した入門書の決定版。実際のB/S、P/L、キャッシュフロー計算書等を参照しながら数値・指標の示す意味をわかりやすく解説。

ベトナム銀行セクター
●荻本洋子・磯崎彦次郎・渡邉元雄[編著]・四六判・140頁・定価(本体1,200円+税)

めまぐるしく動くベトナムの金融市場を鳥瞰し、銀行業界の動向や主力銀行の状況、外部からの評価などを解説。ベトナム金融市場への参入を検討する金融機関必読の書。

金融機関のガバナンス
●天谷知子[著]・四六判・192頁・定価(本体1,600円+税)

ベアリングズ破綻、サブプライム・ローン問題、「ロンドンの鯨」事件、金融検査事例集等を題材に、ガバナンスを考える。

内部監査入門
●日本金融監査協会[編]・四六判・192頁・定価(本体1,600円+税)

リスクベース監査を実践し、リスク管理態勢の改善を促すことができる内部監査人の育成、専門的能力の向上のための最適テキスト。

日米欧の住宅市場と住宅金融
●独立行政法人 住宅金融支援機構 調査部[編著]・四六判・324頁・定価(本体1,800円+税)

日本の住宅金融市場の歴史を振り返り、構造変化とその要因を分析。さらに米サブプライム問題やスペインの銀行危機を総括し、日本への教訓を探る。

責任ある金融
―評価認証型融資を活用した社会的課題の解決
●日本政策投資銀行 環境・CSR部[著]・四六判・216頁・定価(本体1,600円+税)

「環境」「事業継続」「健康」の3つをテーマとした評価認証型融資を通じて、企業の成長制約要因を成長要因に転換し、新しい社会をデザインする。

住宅ローンのマネジメント力を高める
―攻めと守りを実現する住宅ローンのビジネスモデル
●本田伸孝・三森 仁[著]・四六判・228頁・定価(本体1,600円+税)

金融機関の貸出審査の3割弱を占める住宅ローンについて、商品性、収益性、債権管理、リスクの把握などの観点からビジネスモデルのあり方を検証・提言した一冊。

人生のリスク管理
●松尾直彦[著]・四六判・240頁・定価(本体1,500円+税)

大蔵省・金融庁に23年間勤務後、弁護士・東大客員教授に転職した著者が、「健康」「お金」「仕事」「住まい」「介護」「相続」に関するリスク管理を自身の体験談を交えて明解。

合同会社(LLC)とパススルー税制
─参加者のヤル気を100%引き出す新しい事業のかたち
●森信茂樹[編著]野村資本市場研究所「経済活性化と合同会社の法制・税制の整備」研究会[著]・四六判・264頁・定価(本体1,800円+税)

「合同会社」「有限責任事業組合」の存在意義や活用事例とともに、今後の普及には何が必要か会社法・租税法・企業会計の各専門家が課題を明確にし、"新型LLC"に向けた提言を行う。

現論・信用金庫経営
─3信金理事長の白熱鼎談!
●中村英隆・増田正二・大林重治[著]・四六判・148頁・定価(本体1,500円+税)

協同組織金融機関としての矜持を守り、地方・地域経済の活性化に情熱をもって信用金庫経営の原点を体現する理事長3氏の理念と現場での実践事例が満載。

自己変革─世界と戦うためのキャリアづくり
●岡村　進[著]・四六判・212頁・定価(本体1,400円+税)

マネジメントとして日米欧の企業文化を経験した著者が、企業で働くだれもが潜在的に求める「自己変革」のきっかけを提供。今後のキャリア形成を考えるすべての社会人必読の書。

金融英文700選
●砺波　元[著]・四六判・220頁・本文2色刷・定価(本体1,600円+税)

英字新聞・英文雑誌や書籍で頻繁に用いられるキーワード700個をテーマ別に分類。センテンスは内容と構文・語句の両方の観点から厳選し、英文と日本語訳を左右見開きに掲載。

日本の年金制度─そこが知りたい39のポイント
●株式会社ニッセイ基礎研究所[編著]・四六判・244頁・定価(本体1,400円+税)

わかりにくい「年金制度」を、専門家や実務家のみならず一般社会人・主婦など誰もが理解できるように、基本情報・知識を39の論点に整理し、わかりやすくコンパクトに解説。